Dan O'Brien

Herbstriten

Reise eines Falkners durch
den amerikanischen Westen

———————

Aus dem Amerikanischen
von Elke Hosfeld

Klett-Cotta

Verlag Klett-Cotta
Die Originalausgabe erschien 1988
unter dem Titel »The Rites of Autumn.
A Falconer's Journey Across the American West«
im Verlag Doubleday, New York
© 1988 by Dan O'Brien
© für die deutsche Ausgabe
J. G. Cotta'sche Buchhandlung Nachfolger GmbH, gegr. 1659
Stuttgart 1992
Fotomechanische Wiedergabe nur mit Genehmigung
des Verlages
Printed in Germany
Schutzumschlag: Klett-Cotta-Design
Gesetzt aus der 11 Punkt Palatino
von Steffen Hahn FotoSatzEtc., Kornwestheim
Auf säure- und holzfreiem Werkdruckpapier gedruckt
und gebunden von Ebner Ulm

Die Deutsche Bibliothek – CIP-Einheitsaufnahme
O'Brien, Dan:
Herbstriten: Reise eines Falkners durch den Amerikanischen
Westen / Dan O'Brien. Aus dem Amerik. von Elke Hosfeld. –
Stuttgart: Klett-Cotta, 1992
Einheitssacht.: The Rites of Autumn <dt.>
ISBN 3-608-93156-2

Inhalt

Reise eines
Falkners durch den
amerikanischen
Westen

DIE BERGE

S eit ich denken kann, haben mich die Wanderungen wilder Geschöpfe fasziniert. Ich habe im Sommer Fledermäuse beobachtet, die sich im Licht der Straßenlaternen herabstürzten und drehten, um Moskitos zu fangen, und mich gefragt, wohin sie zogen, wenn der Winter die Insekten getötet hat. Krähen und Gänse kamen von irgendwoher, um sich im Frühling und Herbst nahe des Erie-Sees zu versammeln, und sie sprachen zu mir so gewiß, wie die Sterne und das Magnetfeld der Erde zu ihnen sprachen. Sie zogen mich an, und ich beobachtete sie, ohne genau zu wissen, warum – ich wußte nur, daß ihre Wildheit ein Urelement des Lebens war.

Dann sah ich 1965 an einem kühlen Aprilnachmittag einen Wanderfalken am Strand des Golfs von Mexiko Sanderlinge jagen. Er kam von irgendwo ganz oben, und sein erster Stoß war lang und flach. Ich hatte die Sanderlinge beobachtet, die dicht über dem Wasser flogen, und bemerkte, daß sie ihre Formation schlossen. Meine früheren Erfahrungen als Vogelbeobachter deuteten darauf hin, daß sich die Sanderlinge als Antwort auf einen Luftangriff »zusammenballten«; doch nichts hatte mich auf das vorbereitet, was dann geschah.

Die Geschwindigkeit war unfaßbar. Ich sah nur die flache Flugbahn, fühlte, daß die Sanderlinge angegriffen wurden, und war mir sicher, daß es kein Entrinnen gab. Der Wanderfalke war ein dunkler, unvertrauter Fleck, der mich an eine verirrte Artilleriegranate oder einen Meteoriten denken ließ, der in die Wellen krachen würde, nachdem er den Vogelschwarm durchquert hatte. Aber nichts stürzte ins Wasser. Der Falke tauchte unterhalb des Schwarms wieder auf und schautänzelte mutwillig und anmutig auf den Wellenkämmen. Die Luft, die durch die Schwingen des Vogels strich, machte ein zischendes Geräusch. Nach seinem ersten Stoß drehte sich der Falke auf den Schwanz und stieg in einem Flug, der physikalischen Gesetzen zu trotzen schien, mühelos ein paar hundert Meter hoch über die aufgestörten Sanderlinge. Von hier aus überwachte er sie. Hoch oben stand er drohend in der salzigen Luft, verweilte einen Augenblick, drehte sich und sauste im Sturzflug abwärts. Der zweite Stoß war tödlich, und mit einem Sanderling in den Fängen stieg der Falke ohne einen Flügelschlag wieder hoch. Eine Minute später war er verschwunden und hinterließ nur die Erinnerung an etwas Lebendiges, das sich unvorstellbar schnell bewegte, in den Lüften hoch oben herrschte und gelegentlich auch unten auf der Erde.

Einundzwanzig Jahre später saß ich auf einem Felsen in den Rocky Mountains und konnte mich an jenen ersten Falken ebenso deutlich erinnern wie an all die Hunderte, die ich seitdem gesehen hatte. Während ich über das Tal schaute, wurde mir staunend bewußt, was für ein Glück ich an jenem Tag im Jahre 1965 hatte, wenn man bedenkt, daß Wanderfalken vor einundzwanzig Jahren Seltenheitswert besaßen, weil sie damals durch DDT fast ausgerottet waren. In ganz Amerika waren sage und schreibe weniger als zwanzig Paare bekannt.

Damals wußte ich es nicht. Doch ungefähr zu der Zeit, als ich meinen ersten Wanderfalken sah, standen – bildlich gesprochen – andere Männer und

Frauen an anderen Stränden und spürten, wie andere Falken ihr Herz und ihre Phantasie gefangennahmen. Und allmählich bildete sich im ganzen Land eine winzige Subkultur aus Wissenschaftlern, Falknern, Ökologen und Jägern heraus, die die Sorge vereinte, daß der Wanderfalke aussterben könnte. In den folgenden Jahren gaben viele dieser Menschen Sicherheit, Karriere und Vermögen hin, um für den Fortbestand dieser Vögel zu arbeiten.

Im Jahre 1965 erreichte mich die erste Nachricht vom Militär, und ich schätzte meine Chancen, auf einem Felsvorsprung in Montana mit einer Gruppe junger Wanderfalken zu sitzen, viel niedriger ein als die, auf einem Reisfeld in Südostasien zu sterben. Doch so sollte es nicht kommen. Statt der Einberufung erhielt ich einen Ruf des *Peregrine Fund*, einer gemeinnützigen Stiftung an der Cornell University. Der Fonds, der 1970 eingerichtet wurde, hatte es sich zum Ziel gesetzt, Wanderfalken in Gefangenschaft zu züchten und, zuerst auf den Klippen der Ostküste und dann in den Gebirgen des Westens, junge Falken freizulassen. Meine Aufgabe war es, dafür zu sorgen, daß die im Gehege gezüchteten Jungvögel die bestmöglichen Überlebenschancen in der Wildnis erhielten. Ich war für die Rocky Mountains vom südlichen Colorado und Utah bis nach Kanada verantwortlich, ein Gebiet von gut einer Million Quadratkilometern, das ursprünglich die Heimat vieler tausend Wanderfalken war. 1976, als der Peregrine Fund seine Arbeit in den Rocky Mountains aufnahm, gab es in dem gesamten Gebiet nur noch drei bekannte Paare.

Mit der Zeit war es uns gelungen, daß sich Falken in

Gefangenschaft fortpflanzten und die Jungen in die Wildnis ausgesetzt werden konnten. Innerhalb weniger Jahre wurden fast hundert Vögel zur Freilassung in den Rockies herangezüchtet. Bei einer geschätzten Sterblichkeitsrate von sechzig bis siebzig Prozent im ersten Jahr würden etwa fünfunddreißig junge Falken ihr erstes Lebensjahr überstehen, viel mehr, als die Natur nach dem schweren Einsatz von DDT hervorgebracht hatte. Seitdem DDT verboten war und sich die Rückstände Jahr für Jahr weiter verringerten, vermehrten sich wilde Falken wieder und fügten ein paar junge Vögel den freigelassenen hinzu. Um das Jahr 1986 gab es in den Rockies dreißig bekannte Paare, und das Aussterben der Wanderfalken schien gebannt. Aufgrund unseres Erfolges näherte sich meine Arbeit langsam ihrem Ende, und mein Leben veränderte sich.

All dies ging mir durch den Kopf, als ich auf besagtem Felsvorsprung in Montana saß. Neben mir befand sich eine sechshundert Pfund schwere Sperrholzkiste. Vor fünf Jahren hatte ich geholfen, diese Kiste mit dem Helikopter auf den Felsen hochzuseilen und auf dem Gesims zu verankern. Seitdem war sie benutzt worden, um Wanderfalken in die Wildnis wiedereinzugliedern. Als ich dort saß und über das Tal blickte, bewegten sich vier Vögel neben mir in der Kiste. An diesem Tag sollten sie freigelassen werden.

Das Wort ›freilassen‹ hört sich so einfach an. Aber für jeden, der auch nur die geringste Ahnung davon hat, was es für ein junges Tier bedeutet, in der Wildnis zu überleben, klingt das Wort unglaublich optimistisch und mag naiv oder sogar überheblich anmuten, weil viele Menschen dieses Wagnis unterschätzen.

Unter wohlmeinenden Naturforschern ist es üblich geworden, Einrichtungen zu gründen, um verletzte oder verwaiste Greife der Wildnis »zurückzugeben«. In vielen dieser Zentren werden die Vögel gefüttert und umsorgt, ja sogar ausgebildet, bis sie für die Rückkehr vorbereitet scheinen. Aber die meisten Rehabilitations- und Freilassungsprogramme haben nur selten Erfolg. Ein verletzter oder verwaister Raubvogel wird bald ein toter Vogel sein, und die Freilassung solcher Tiere ist – so erfreulich sie für den Pflegenden sein mag – schlicht eine Hinrichtung. Raubvögel sind zerbrechlich. Nur die Allerbesten können in der Natur überleben. (Nur etwa zehn Prozent schaffen es bis zur Geschlechtsreife.) Die Allerbesten werden nicht zu Waisen, sie brechen sich nicht die Flügel. Die Besten sind vollkommen und brauchen nichts, was der Mensch ihnen geben könnte – außer einer intakten Umwelt. Das System, das die Natur zur Aufzucht und Auslese der Raubvögel entwickelt hat, ist kompliziert und – nach menschlichem Ermessen – hart und grausam. Die Vorstellung, daß wir dieses System verbessern können, ist ein klassischer Fall von Hybris.

Mit diesem Wissen hätten unsere anfänglichen Versuche, Wanderfalken in die Freiheit zu entlassen, unsinnig erscheinen können. Doch das drohende Aussterben einer Art ist eine ernste Angelegenheit; daher mußten wir diesen Versuch wagen. Unser Ziel war es, daß die Falken wie in ihrer natürlichen Umgebung aufwachsen und fliegen lernen konnten. Beobachtungen von Greifen in der Nähe ihrer Horste und das Studium der frühen Falkner-Literatur (im 18. und 19. Jahrhundert hielten Falkner junge Falken im Wildflug und setzten sie später als Jagdfalken ein) halfen uns, Methoden zu entwickeln, die den Vögeln, die wir freilassen würden, eine Überlebenschance geben sollten.

Wie die Menschen lernen auch Falken in einem bestimmten Alter gewisse Dinge. Im Alter von etwa dreißig Tagen zerreißen sie die Beutetiere selbständig. Nach etwa vierzig Tagen fliegen sie. Die Wanderfalken in der Kiste neben mir waren 43 Tage alt. Vor acht Tagen hatte man diese Falken mit einem Privatflugzeug zu einer Landebahn in der Nähe des Freilassungsplatzes geflogen. Ich hatte sie dort in Empfang genommen und in einem Korbrucksack drei Kilometer bis auf den Felsvorsprung getragen. Dann kletterte ich an einem Seil hinunter und setzte sie in die Holzkiste. Acht Tage lang sollten die Falken in der Kiste leben und sich auf die Freiheit vorbereiten. Diese Vögel waren in einem Gehege aufgezogen worden. Nun begegneten sie zum erstenmal dem Leben in der Natur. Wie die meisten Falken waren sie ängstlich, aber fügsam. In den 43 Tagen, seit sie geschlüpft waren, hatte man sie, bis auf wenige, unvermeidliche Augenblicke, von Menschen ferngehalten. Als ich plötzlich an der Tür der Kiste erschien, plusterten sie die Federn am Hinterkopf auf, ruckelten auf dem Schwanz zurück, mit gespreizten Fängen und aufgerichteten Krallen, und zischten durch ihre weitgeöffneten Schnäbel. Das war das normale Drohverhalten der Raubvögel, das auf den Uneingeweihten furchterregend wirken kann. Zum großen Teil ist es jedoch Bluff, mit dem diese flugunfähigen Falken natürlichen Feinden den Eindruck vermitteln wollen, daß sie außerordentlich gefährlich seien.

Einen nach dem anderen nahm ich die Falken hoch und paßte ihnen winzige Sender an, die nach der ersten kritischen Woche abfallen sollten. Das große, träge Weibchen erhielt den blauen Sender. Das lebhafte Männchen, das sich gegen meinen Griff sträubte, den roten. Das schüchterne Männchen bekam den gelben und das angriffslustige Weibchen, das mich an der Hand verletzte und mir scharf in die Augen sah, den grünen.

Oben auf die Kiste und um sie herum legte ich Wachteln. Die Falken wurden mit Atzung großzügig versorgt, weil sie nach dem Öffnen der Kistentür drei Tage lang ganz in Ruhe gelassen werden. Diese Zeit brauchen sie, um sich an die Freiheit zu gewöhnen. Und wenigstens drei Wochen, bis sie selbst Vögel fangen können, und bis dahin mußten sie zur Nahrungsaufnahme auf den Felsvorsprung zurückkehren, um zu überleben.

Sobald die Wachteln verteilt waren, öffnete ich die Tür. Mit vorsichtigen Bewegungen griff ich nach der Halterung für das Seil und stieg die Felswand hoch. Jetzt hatte ich die gleiche Aussicht wie die Wanderfalken, wenn sie ihre Kiste verließen. Ich konnte den Felsvorsprung nicht mehr sehen. Meine Aufgabe war es nun, nach Adlern Ausschau zu halten.

Jede Freilassungsstätte hat ihre besonderen Probleme. Bären, schlechtes Wetter und Eulen sind nichts Ungewöhnliches. An diesem Ort drohte Gefahr vom Goldadler. Die meisten Menschen freuen sich, wenn sie einen Goldadler sehen. Mit einer Spannweite von über zwei Metern gehört er zu den größten Vögeln Nordamerikas; er ist ein Meister im Segeln auf den

Aufwinden an Berghängen und den Warmluftsäulen, die von der Prärie aufsteigen. Allgemein wird angenommen, daß diese Vögel selten sind; einige Biologen jedoch glauben, daß es heute mehr Goldadler als je zuvor gibt. In der Tat nisten Goldadler auf fast jedem hochgelegenen Flecken Erde im Westen, und nicht selten sieht man vier oder fünf in einer einzigen Warmluftsäule schweben. Sie sind höchst erfolgreiche Räuber, die sich überwiegend von jungen Rehen, Antilopen, Hausschafen, Kaninchen, Mäusen, Enten – und eben auch von Wanderfalken – ernähren. In den Rocky Mountains werden die meisten jungen Falken, die untergehen, bevor sie die Selbständigkeit erreicht haben, von Goldadlern getötet und gefressen. Und das Gesetz verbietet es, Goldadler zu schießen.

Aus diesem Grund wiegte ich in meinem Schoß eine alte Schrotflinte. Sie war mit Platzpatronen geladen, die einen angreifenden Adler abschrecken, aber nicht verletzen sollten.

Natürlich wußte ich, daß ich in Wahrheit nur sehr wenig zum Schutz der jungen Falken tun konnte. Es ist unvermeidlich, daß viele von ihnen sterben. Doch man gewöhnt sich nie daran. Die Formel ›Überleben der Stärkeren‹ klingt einleuchtend, wenn man darüber in einem Lehrbuch liest oder beim Kaffee diskutiert; doch die Wirklichkeit kann niederdrückend sein. Niemals fühlt man sich ohnmächtiger, als wenn man einen Goldadler beobachtet, der niederstößt, um einen unbeholfenen jungen Wanderfalken aus der Luft zu pflücken. Es ist gräßlich anzusehen und unterstreicht die Tatsache, daß die Natur außerordentlich erbarmungslos ist. Sie hört die Schreie des Wanderfalkens nicht, die sich im heulenden Bergwind verlieren, wenn der Adler über einen fernen Kamm entschwindet. Und selbst wenn man es zu verstehen meint, wenn man mit dem Verstand begreift, daß dies so sein muß, fällt es immer noch schwer, sich mit einem Achselzucken in das Unvermeidliche zu schicken.

Während ich hier oben saß, versuchte ich die Reihenfolge zu erraten, in der die Falken auftauchen würden. Es waren zwei Männchen und zwei Weibchen. Aus Erfahrung wußte ich, daß die Männchen vermutlich zuerst herauskommen und zuerst fliegen würden. Ich stellte mir vor, daß Rot, das lebhaftere Männchen, den Anfang machen würde, gefolgt von Grün, dem Weibchen, das sehr aggressiv gewesen war. Gelb, das kleinere, furchtsame Männchen, würde wohl erst nach ein paar Stunden auftauchen, und Blau, das große und träge Weibchen, dachte ich, ganz am Schluß.

Um die Mitte des Nachmittags hatte der Wind zugenommen, und es war wahrscheinlich, daß die Falken nun alle die auf dem Felsvorsprung festgebundene Kiste verlassen hatten und sich an das Gestein und in das Gras krallten, um sich niederzuhalten, während sie im Scheinflug wild mit den Schwingen schlugen. Wenn der Wind anhielt, würde vielleicht der eine oder andere vom Felsen abheben und fliegen, bevor es ihm überhaupt bewußt war.

Es war fast dunkel, und ich dachte daran, langsam zum Lager hinunter zu gehen, als ich die Käck-Rufe der jungen Falken vernahm. Der Wind hatte nachgelassen, so daß ich das Käck-käck deutlich hören konnte. Sofort brachte ich die Flinte in Anschlag; denn die

Laute, die ich hörte, machen junge Falken, wenn sie den Erwachsenen Gefahr signalisieren wollen. Ich suchte den Himmel ab, wußte aber, daß die Wanderfalken einen Raubvogel schon viel früher als ich wahrnehmen konnten. Das Käcken nahm zu. Dann sah ich eine Bewegung, einen winzigen, schwarzen Fleck, der abwärts raste, und ich wußte, daß es ein Goldadler war, der auf die jungen Falken mit vielleicht hundertfünfzig Stundenkilometern niederstieß. Ich schrie und rief, zielte mit der Schrotflinte auf den Adler und schoß.

Ich würde jetzt gern erzählen, daß mich der Adler hörte, daß das Geschoß in seiner Flugbahn explodierte und ihn von der Beute ablenkte. Doch in Wirklichkeit verlor sich meine Stimme im Bergwind, und die Patrone zerplatzte ein ganzes Stück hinter dem Adler. Ich hörte, wie das Käcken rasend vor Verzweiflung wurde und dann erstarb. Einen Augenblick lang dachte ich, daß ich mir den Angriff nur eingebildet hätte; aber das war natürlich nicht der Fall.

Als ich das Lager erreichte, war es dunkel. Tom und Joyce, die mir an dem Freilassungsplatz halfen, kamen mir entgegen, und ich konnte selbst in dem schwachen Licht der Gaslampe erkennen, daß sie aufgeregt waren. Von ihrer Position hier unten hatten sie die Holzkiste mit Feldstechern beobachtet und den Angriff gesehen. Die Geschichte war einfach: Der Adler fegte mit wahnsinniger Geschwindigkeit heran und griff sich Gelb, das schüchterne Männchen, als es versuchte, zum ersten und zum letzten Mal zu fliegen. Der Adler flog mit ihm davon, den Cañon hinunter, und entschwand nach anderthalb Kilometern ihren

Blicken. Wenn ein Adler an einem Ort leichte Beute gefunden hat, kommt er gewöhnlich zurück. Somit waren die drei verbliebenen Wanderfalken auf dem Felsen in Gefahr. Am besten war es, sie einzufangen, selbst wenn unsere Chancen nicht gut standen. In diesem Stadium war es ein Wettlauf mit der Zeit; konnten wir ein oder zwei Falken fangen, bevor der Adler sie alle packte? Normalerweise hat man verloren, wenn ein Adler beginnt, junge Falken zu töten. Sogar dann, wenn man einen Falken fängt und ihn vor dem Adler rettet. Ein Falke, der vom Wildflug wieder eingeholt wird, kann sich nicht mehr normal entwikkeln und als wilder Vogel überleben. Das Schicksal solcher Tiere ist gewöhnlich lebenslange Gefangenschaft.

Bevor ich in meinen Schlafsack kroch, kontrollierte ich die Sender und versuchte, die Falken auszumachen. Grün, das aggressive Weibchen, war flügge geworden, bevor der Adler auftauchte; ich empfing ihr Signal von etwas weiter unten am Felsen. Blau, das langsame Weibchen, und Rot, das lebhafte Männchen, waren noch in der Nähe der Freiflugkiste. Von dem schüchternen Männchen mit dem gelben Sender kam kein Zeichen mehr.

Während ich in meinem Schlafsack lag, überlegte ich, wie wir vorgehen sollten. Wir mußten vorsichtig zur Kiste hinunterklettern, ohne Blau und Grün zu verschrecken, eine Falle über einer toten Wachtel aufstellen, und dann konnten wir nur hoffen, daß die Falken hungrig waren. Die Lampe hing an einem Baum nicht weit von meiner Schlafstatt. Ich stand auf, machte sie aus und kroch in den Sack zurück. Das helle, weiße Licht wurde gelb und verlöschte langsam. Als es dunkel war, bemerkte ich die Sterne. Es würde eine kalte Nacht werden für die Falken oben auf dem Felsen. Aber auch eine großartige, kalt und klar. Dies war die erste Nacht, die sie im Freien verbrachten. Vielleicht würden sie ihren ersten Zug nie erleben, doch zumindest einen Vorgeschmack der Wildnis. Ich konnte den Herbst riechen, der mit dem Bergwind kam, und meine Gedanken zogen mit ihm davon.

Im Einschlafen dachte ich an die Person in meinem Leben, die mit all dem hier nichts zu tun hatte und doch vielleicht besser als ich selbst begriff, warum ich hier war und für etwas kämpfte, das den meisten Menschen nichts bedeutete. Das fragte ich mich auch oft, und daher dachte ich so gern an Kris. Sie wurde nicht von meinen Zweifeln geplagt – sie war Ärztin und kam jeden Tag mit menschlichem Leben und Sterben in Berührung. Doch irgendwie schien sie meine Arbeit wichtig zu nehmen und die Antworten zu kennen, die ich nicht wußte. Ich lag in meinem Schlafsack und spürte die Kälte der Nacht, während ich mir Kris in ihrem warmen Haus in Denver vorstellte. Sie würde sich jetzt fragen, wo ich genau in diesem Augenblick war. Ich versuchte, den Gedanken festzuhalten, bis ich einschlief.

* * *

Vor Morgengrauen standen wir auf und nahmen ein kaltes Frühstück ein. Ich beschloß, daß Joyce an dem Beobachtungsort blieb. Tom sollte mich bis zum Gipfel des Felsens begleiten und Wache halten, während ich mich auf den Vorsprung hinabseilte und die Falle aufstellte. Wir brachen in der Dunkelheit auf und hörten auf halbem Weg zum Gipfel, als es gerade hell genug geworden war, um etwas zu sehen, das Käcken von neuem.

Fünfundvierzig Minuten später, als ich mich auf den Vorsprung fallen ließ, sah ich, daß nur noch ein Falke übrig war. Es war Blau, das träge Weibchen. Es ist schwer zu sagen, welche Eigenschaften einen Falken am ehesten überleben lassen. Man ist versucht anzunehmen, daß die kämpferischen Individuen die meisten Chancen haben. Doch in diesem Fall war es denkbar, daß Blau wegen ihrer Trägheit ruhiger als Rot und damit weniger attraktiv für den Adler war. Ich fragte mich, ob ihr Glück anhalten würde.

Jede weitere Wachtel verringerte die Chance, daß ein Falke die in der Falle nahm, daher sammelte ich so viele Wachteln, wie ich nur konnte, ein und packte sie in meinen Rucksack, ohne Blau zu stören. Als ich außer Sichtweite des Falkens war, stellte ich nah der Vorderseite der Kiste eine Falle über einer Wachtel auf. Blau konnte die Wachtel sehen, wenn sie sich nur etwas bewegte. Wenn sie hungrig war, würde sie in die Falle gehen.

Die Falle bestand aus einem Drahtgitter und hauchdünnen Metallfäden, die so konstruiert waren, daß sie sich um die Zehen der Falken wickeln würden. In diesen Schlingen kann man einen gefangenen Falken nicht länger als ein paar Minuten lassen, ohne Verletzungen zu riskieren. Daher kletterte ich ein Stückchen hoch, legte mein unangenehmes Geschirr ab, das immer noch an dem Seil befestigt war, und suchte mir eine Nische, in der ich sitzen und die Falle beobachten konnte, ohne daß Blau mich bemerkte. Von hier aus war die Falle schnell zu erreichen. Ich umklammerte die Flinte und ließ mich in der Felsspalte nieder. Ich nahm an, daß wir zwei Falken verloren hatten, daß Rot bei Tagesanbruch vom Fels geraubt worden war, was allerdings etwas seltsam schien, weil Adler gewöhnlich zur gleichen Tageszeit zurückkehren. Doch das galt nur, wenn der Vogel ausschließlich für sich selbst jagte. Es war aber durchaus möglich, daß dieser Adler seine Jungen ernähren mußte. In dem Fall konnte er jederzeit zurückkehren.

Es war fast Mittag, als ich Blau käcken hörte. Ich spähte über den Cañon nach einem Adler; doch es war Grün, die von dem Ort zurückkehrte, wo sie die Nacht verbracht hatte. Sie flog unsicher; sie schlug mit den Flügeln zur falschen Zeit, und als sie landete, purzelte sie vorwärts. Instinktiv blickte ich zum Himmel hoch; denn ich wußte, daß ein Adler, der den unbeholfenen Jungfalken erblickt hatte, sofort niederstoßen würde. Doch kein Adler ließ sich blicken. Grün richtete sich auf und fand ihre Würde wieder. Sie hüpfte auf einen Felsbrocken, nicht weit von Blau entfernt. Sie senkte den Kopf und sah zahm und wild zugleich aus. Plötzlich sprang sie auf eine Wachtel zu, die ich vorige Nacht in die Kiste gelegt und noch nicht weggenommen hatte. Sie lag am Rand, fast zwei Meter von der Falle entfernt. Das war Pech. Wenn der Falke satt war, konnte man ihn unmöglich einfangen.

Grün begann, die Wachtel zu rupfen, was Blau gereizt haben muß, weil sie zu Grün hinüberflatterte;

einen Augenblick lang standen beide über der Wachtel und plusterten die Federn am Hinterkopf auf. Grün versuchte, die Wachtel wegzutragen, aber Blau packte sie rasch mit beiden Fängen. Grün war die aggressivere von beiden gewesen, als ich sie in die Kiste gesetzt hatte; doch Blau war größer und zwang ihre Schwester, loszulassen. Grün stand im Gras und starrte Blau zornig an. Ich glaubte, sie wollte die Wachtel zurückholen; doch zu meiner Überraschung blickte sie plötzlich nach links und flog ohne Zögern auf die Wachtel in der Falle zu. Ich rührte mich nicht und wartete, daß sich einer ihrer Zehen in einer Schlinge fing. Sie knabberte an der Wachtel und rupfte die Federn aus, bevor sie fraß. Schließlich sah ich, wie sie mit dem Fuß ruckte und zuckte, als wolle sie ein Insekt verscheuchen. Sie war gefangen, fraß aber weiter. Ich bereitete mich auf den Abstieg vor und verstaute die Schrotflinte in der Spalte.

Vor Jahren hatte ich den Gehörsinn in meinem linken Ohr verloren und vernahm daher Toms Rufe nicht, der auf den über uns schwebenden Adler aufmerksam machte. Hätte mein rechtes Ohr in seine Richtung gezeigt, dann hätte ich die Warnung vielleicht rechtzeitig gehört, die Flinte genommen und abgefeuert. Doch als ich unten ankam, war es schon zu spät. Der Adler befand sich in vollem Stoßflug. Als Grün mich und den heranrasenden Adler wahrnahm, versuchte sie zu fliegen; doch die Schlinge hielt sie fest. Blau sah mich ebenfalls und flog weg. Ich mußte mich darauf konzentrieren, Grün zu retten, ohne sie zu verletzen, und sah daher nicht, wie Blau dem Adler zu entkommen suchte.

Eine Stunde später erzählte uns Joyce im Lager, was geschehen war. Rot war um Viertel nach sechs vom Felsen geraubt worden. Anscheinend hatte er den Adler nicht einmal bemerkt. Blau flog, nachdem ich sie erschreckt hatte, geradewegs auf die Bäume weiter unten am Felsen zu und entging dem ersten Stoß des Adlers, aber dem zweiten nicht. Der Adler packte sie, als sie die Bäume erreichte. Es war vorbei. Den Adler traf keine Schuld.

Der Ort war für dieses Jahr erledigt. Es war so, als hätte in diesem Sommer in diesem Cañon nie ein Versuch stattgefunden, Wanderfalken freizulassen, außer daß es drei tote Falken gab, drei Falken, die nie lernen würden zu fliegen und zu jagen, nie erfahren würden, ob sie gut genug für die Freiheit waren, niemals über das Antlitz des Kontinents ziehen würden. Und es war meine Entscheidung gewesen, sie frei fliegen zu lassen. Ich hatte sie nicht schützen können; trotz der gefaßten Miene, die ich Tom und Joyce gegenüber aufsetzte, fühlte ich mich schuldig. Ich wurde den Gedanken nicht los, daß die drei Falken noch leben könnten, wenn ich meine Arbeit besser getan hätte, wenn ich Toms Rufe hätte hören können.

Darüber dachte ich nach, als ich mich mit Tom und Joyce an diesem Nachmittag auf den Rückweg machte. Sie trugen volle Rucksäcke, die durch die Niederlage noch schwerer wurden. Ich trug ein leichtes Bündel und eine Pappschachtel mit dem verbliebenen Falken. Das Weibchen mit dem grünen Sender war zu alt, um noch einmal freigelassen zu werden. Ich fragte mich, ob sie ihre Chance gehabt hatte. Wohl kaum. Sie würde in eine Zuchtkammer kommen und den Rest ihres Lebens »in Sicherheit« verbringen. Doch im Gehen regte sich das Schuldgefühl wieder. Obgleich dieser Falke lebte, konnte ich mir nicht vormachen, daß ihn ein besseres Schicksal getroffen hatte. Bald würden sich die Enten versammeln; die meisten Vögel Nordamerikas würden in einem Monat davonziehen. Der Falke in der Schachtel da sollte mit ihnen fliegen können. Wie in der Wildnis aufgewachsene Falken sollte er die Möglichkeit haben, flugtüchtig zu werden, seine Künste an die jungen Vögel weiterzugeben, jagen und töten zu lernen. Wie die wilden Falken sollte er von den Bergen herunterfliegen, sich in den Hochebenen in den Zug einreihen und ihm durch das unbeständige Herbstwetter über die Prärie folgen. Er sollte sich den Gefahren der Prärie aussetzen und, wenn er das überlebte, von einem knorrigen Stück Treibholz an der Küste von Texas abheben und im Winter quer über den Golf von Mexiko weit nach Süden steuern, wie es seiner Art entspricht. Und dann, wenn all das vollbracht war, im nächsten Frühjahr auf seinen Berggipfel zurückkehren.

Nun konnte er nicht mehr aus eigener Kraft überleben. Ohne den natürlichen Lernprozeß in der Wildnis hatte er keine Chance mehr. Doch im Weitergehen fiel mir ein, daß es nicht unmöglich war, diesem Falken ein bißchen Wildheit beizubringen. Mit viel Mühe konnte dieser Falke immer noch lernen, was er zum Überleben brauchte. Man mußte ihn zuerst etwas zähmen und als abgerichteten Falken fliegen lassen. Man müßte ungefähr dem Zug der wilden Falken folgen und ihn jeden Tag mit Atzung versorgen. Ich versuchte, mir diese Idee aus dem Kopf zu schlagen, während ich im Tal des Cañons entlangwanderte.

Plötzlich hatte ich es satt, Wanderfalken in die Natur wiedereinzugliedern, und sah dem Ende der Saison mit Freuden entgegen. Ich dachte sehnsüchtig daran, nach Hause zurückzukehren und meine Verantwortlichkeiten hinter mir zu lassen. Kris wartete auf mich in Denver. Ihr alter Labrador und mein junger Englischer Setter warteten bei mir zu Haus in South Dakota. Sie alle hatte ich seit fünf Monaten nicht mehr gesehen.

* * *

Ich ließ Tom und Joyce in einem Motel in Bozeman zurück. Man würde sie an einen anderen Schauplatz in Wyoming bringen. Meine letzte Saison beim Peregrine Fund war zu Ende gegangen; aber es gab immer noch tausend Dinge zu erledigen. In zwei Tagen erwartete man mich in Utah; vorher aber mußte ich den übriggebliebenen Falken in unser Hauptquartier nach Boise bringen. Es war ein langer Weg, und ich wußte, daß ich es in dieser Nacht nicht schaffen konnte; aber ein paar Kilometer wollte ich doch hinter mich bringen, bevor ich mir einen Schlafplatz suchte. Seit Stunden schon war es dunkel, und auf den Straßen gab es keine Touristen mehr. Das Summen der Räder des Pick-ups auf dem Highway beruhigte mich und ließ mich bald in jenen vertrauten und angenehmen Trancezustand fallen, den nächtliche Autofahrten mit sich bringen. Mir ist schon einmal die Idee gekommen, daß dieser Zustand süchtig machen könnte. Ich kenne Leute, zu denen ich ganz gewiß gehöre, die am liebsten in einen Wagen springen und ein paar hundert Kilometer durch die Gegend fahren, wenn irgend etwas schiefgelaufen ist.

Eine Weile dachte ich darüber nach. Ich fuhr durch einen der rauhesten Landstriche Nordamerikas, eine Gegend, die im Lauf der Geschichte Menschen angezogen und an sich gebunden hat. Es war das Land der Bergmänner. Die Männer, die in diesen Bergen umherstreiften, erwarben keine großen Vermögen, keinen schnellen Ruhm, und es war auch nicht übermäßiger Patriotismus, der sie auf diesen gefährlichen Pfaden wandern ließ. Man kann sich wirklich schwer vorstellen, was Männer wie John Colter und die anderen frühen Trapper hierher trieb. Wenn man bedenkt, daß die meisten Männer der Berge einen gewaltsamen Tod starben, ist es kaum zu begreifen, warum sie dieses Leben wählten. Wir kennen ihre Motive nicht, weil sie meist nicht lesen und schreiben konnten. Der einzige Hinweis auf ihre Beweggründe, der mir in dieser Nacht einfiel, war der Name, den sie sich selbst gaben. Freie Trapper nannten sie sich. Amerikanische freie Trapper. Frei.

In dieser Nacht, als ich Three Forks passierte – den Zusammenfluß von Jefferson, Madison und Gallatin, den Ursprung des Missouri –, erinnerte ich mich an die Geschichten. Colter wurde um 1774 in Virginia als Sohn einer landbesitzenden Familie geboren. Über ihn gibt es keine Zeugnisse, bevor er im Alter von etwa dreißig Jahren in Maysville, Kentucky, auftaucht. Das war 1803, als Kentucky die Frontier bildete. Colter war zu Fuß von Virginia dorthin gegangen, um sich auf eine Zeitungsanzeige zu melden, die für eine Expedition den Missouri aufwärts »hundert starke, junge Männer« suchte, die an das Leben in freier Natur gewöhnt waren.

In Maysville traf Colter Captain Meriwether Lewis. Captain Clark schloß sich ihnen in St. Louis an. Anderthalb Jahre später befanden sie sich in derselben Gegend wie ich in der Nacht nach dem Adlerangriff. Genaueres ist nicht bekannt, als daß Colter auf dem Rückweg in einem Indianerdorf im heutigen North Dakota von seinen Verpflichtungen für die Expedition entbunden wurde. Man versah ihn mit allem, was die Gruppe entbehren konnte, und er kehrte umgehend in das Quellgebiet des Missouri, durch das ich in dieser Nacht fuhr, zurück. Als er mit Lewis und Clark den Missouri hinunter nach St. Louis fuhr, erlag er dem Ruf der Wildnis. Nur in diesem Zusammenhang wissen wir von ihm, als ob er in der zivilisierten Welt niemals existiert hätte. Allerdings kehrte er mit ungefähr vierzig Jahren nach St. Louis zurück; doch was er dort tat, ist nicht bekannt. In der Erinnerung lebt er als Kämpfer gegen Indianer, Entdecker, Biberfallensteller und als Unternehmer im frühen Pelzhandel. Doch es ist nur ein Vorfall überliefert, bei dem Colter einen Indianer getötet haben soll. Seine Entdeckungs- und Forschungsreisen hat er in keiner Weise dokumentiert. Auch wenn er mit Bibertrappern umherzog, schien er es vorzuziehen, zu jagen und andere zu führen, anstatt Fallen zu stellen, und nach all den Mühen und den Jahren im Pelzhandel zog er sich fast mittellos zurück.

Colter war der erste Weiße, der das Gebiet betrat, das heute Yellowstone National Park heißt. Er verließ den Zusammenfluß von Big Horn River und Yellowstone River und ging, meistens im Winter, im Kreis um den Yellowstone-Fluß herum, bis nach Jackson Hole im Süden, und kehrte dann zum Big Horn zurück, nachdem er über achthundert Kilometer allein durch ein unerforschtes Gebiet gezogen war. Er war der erste Mensch, der das Land um Three Forks herum erkundete, das Territorium der Schwarzfußindianer, und mehrmals nur knapp mit dem Leben davonkam. Selbst der berühmte Vorfall, als er nackt ausgezogen und von achthundert Schwarzfüßen gejagt wurde, eine Art von Probe, konnte ihn nicht von seiner gewählten Lebensweise abbringen. Warum tat Colter diese Dinge? Was konnte einen intelligenten, jungen Mann aus der Mittelschicht dazu bringen, sein Zuhause zu verlassen und in einem extrem gefährlichen und unbekannten Gebiet herumzustreifen, ohne irgend etwas von dem, was er sah und erlebte, aufzuschreiben? Es gibt keinerlei Hinweise, daß John Colter an Geld oder Ruhm interessiert war. Doch in meinem Trancezustand auf der Fahrt in dieser Nacht schien mir das alles vollkommen einleuchtend. Halt zu machen bedeutete für Colter, aufhören zu leben. Die großen Gefahren waren nebensächlich. John Colters Wesen wurde durch seine Bewegung, seine Freiheit bestimmt. Es schien mir kein Zufall zu sein, daß Colter den Tag, an dem er seine Lebensweise aufgab, nur um drei Jahre überlebte.

Ich hätte den John Colter aus der Gegend von Three Forks gern gekannt und mit ihm ein Lager am Big Horn geteilt, auch wäre ich gern mit ihm an den Wundern von Yellowstone vorbeigezogen. Doch ich wäre nicht gern sein Nachbar gewesen, als er sich zurückzog und als Farmer in Missouri niederließ und sich langsam grün und blau ärgerte und starb. Im schwachen Licht des Armaturenbretts tastete ich nach der Schachtel, die den Wanderfalken beherbergte. John Colter sollte vor allem als »der Mann, der durch das Yellowstone-Land streifte« charakterisiert werden. Das machte John Colter aus, mehr als Größe, Gewicht, Glaube oder Elternhaus. Ohne diese Lebensform war der Mann nicht John Colter. Und ein Wanderfalke, dachte ich, war mehr als ein blauschwarzer Raubvogel von der Größe einer Krähe. Er war »der Wanderer, der Vogel, der schneller und anmutiger als alle anderen herabstößt«. Ein Vogel mit gebrochenem Flügel, überlegte ich, ist, genau genommen, kein Wanderfalke. Ein Vogel in einer Pappschachtel auf dem Vordersitz eines kleinen Lasters auch nicht.

Als ich nördlich von Dillon in Montana auf die Interstate 15 fuhr, grübelte ich immer noch. Es war sehr spät, und ich fühlte mich plötzlich erschöpft. Als ich den Monida-Paß erreichte, drängten sich mir bestimmte Vorstellungen auf. Plötzlich schien es wichtig, daß der Falke in der Schachtel die Chance erhielt, zu werden, wozu ihn seine Gene bestimmt hatten. Und es kam mir in den Sinn, daß ich die Pflicht und das Privileg hatte, weiterzumachen. Richtig, mein Job war zeitlich begrenzt, und in ein paar Wochen würden meine Dienste nicht länger vonnöten sein. Außerdem hatte ich Verpflichtungen auf meinem Land in South Dakota, und es könnte sehr teuer und schwierig werden, die Erlaubnis der Staaten und Bundesregierung zu erhalten, einen Falken auf seiner natürlichen

Wanderung zu begleiten. Doch dann sagte ich mir, daß meine Verpflichtungen in South Dakota auch noch einen Monat warten konnten und daß ich mir die Genehmigungen besorgen konnte. Hatte ich erst einmal die Erlaubnis der Bundesregierung und des Staates Montana, konnte ich zumindest beginnen.

Oben auf dem Paß fand ich die Schotterstraße, an der ich schon einmal übernachtet hatte. Ich mußte nur soweit von der Straße abfahren, daß mich die Scheinwerfer der wenigen Autos, die vorbeifahren könnten, nicht blenden würden, wenn ich unter dem *sagebrush*, dem Beifußstrauch, lag und schlief. Als ich den Motor abstellte und ausstieg, schien die Nacht dunkel und kalt. Doch als sich meine Augen an das Mondlicht gewöhnt hatten, konnte ich überraschend weit sehen. Der Strauch warf dreidimensionale Schatten; ein lose hängender Stacheldraht verlief, durch das Licht des Mondes verdoppelt, in die silbergrüne Unendlichkeit. Ich rollte ein Schaumstoffkissen und einen Schlafsack auf dem Gras neben dem Wagen aus und schob eine Pistole unter das Kissen. Dann ging ich zum Wagen und ließ mich auf den Fahrersitz neben die Pappschachtel gleiten.

Die Schachtel war das übliche Transportmittel für junge Wanderfalken. Wie fast unsere ganze Ausrüstung war auch sie dem Peregrine Fund gestiftet worden. An der Seite stand der Name einer Spedition. Obgleich ich wußte, daß Pappe das beste Material war, um Falken zu transportieren, weil sie Federn und Klauen schützt, hatte ich mich nie an den unwürdigen Eindruck, den diese Schachteln hervorriefen, gewöhnt. Sie wirkten so behelfsmäßig; ich hätte lieber einen prächtigen Behälter gehabt. Doch ich träumte. Vorsichtig spähte ich durch eines der Luftlöcher, die in den Deckel der Schachtel geschnitten waren, um die Verfassung des Wanderfalkens zu überprüfen. Doch in der Schachtel war es dunkel; und als ich mich endlich daran gewöhnt hatte, stellte ich fest, daß ich derjenige war, der beobachtet wurde. Der Falke sah zu mir hoch, und in seinen tiefbraunen Augen spiegelte sich das Mondlicht. Er schien nicht ängstlich zu sein, sondern entrückt, überlegen, und ich fühlte mich unter seinem Blick bedeutungslos. Es war kein Haß. Wenn es eine menschliche Entsprechung für das gab, was ich in den Augen jenes Falkens sah, dann war es Mitlied. Er brachte mich dazu, wegzusehen.

Ich saß auf dem Sitz des Pick-ups, die Tür stand auf, und meine Hände lagen über dem Lenkrad. Gen Süden war der Himmel mit Sternen übersät. Nach einer Minute begannen die Sterne ihre vertrauten Formen anzunehmen; bald erkannte ich Orion, den Jäger, der auf mich wie ein erwartungsvoller Vater herabblickte. Ich konnte es schaffen, dachte ich. Und was für eine Reise! Freiheit durch Bindung, sagte ich mir. Dann schüttelte ich den Kopf. Nein, es konnte nicht gutgehen. Die Erfahrungen zu simulieren, die der Falke zum Überleben brauchte, war unmöglich. Dazu besaßen Menschen nicht genug Ruhe und Geduld. Es waren wohl die lange Fahrt und die Gebirgsluft, die es mir möglich scheinen ließen.

Doch die Idee, dem Vogelzug zu folgen und ihn so zu erleben, wie es der junge Falke in der Pappschachtel vielleicht könnte, ließ mich nicht mehr los. Kurz vorm Schlafengehen sah ich die Welt so, wie sie der Wanderfalke sieht, weit ausgebreitet, als System von Flüssen, die sich hierhin und dorthin schlängeln und schließlich alle auf den Golf von Mexiko zustreben. Und dann, als ich mich in meinen Schlafsack kuschelte und die Augen schloß, flatterten in meinem Kopf Schwärme von Lerchenammern; Kanadagänse schrien hoch oben, und wir alle zogen vor der riesigen Wolkenbank des Winters stetig nach Süden.

DIE NÖRDLICHEN EBENEN

Spät an einem Dienstag abend kam ich nach Hause. Am Freitag war Viehmarkt; und Erney, der für wenig Geld bei mir arbeitet, brauchte Hilfe, um die jungen Kühe aufzuladen. Wir hatten einander seit Monaten nicht gesehen und mußten eine Menge nachholen, auch wenn wir oft telefoniert hatten. Ich erzählte ihm von unserem Sommer und den Falken, die wir freigelassen hatten, und er mir vom Heumachen und den Messern, die er aus Damaststahl herstellte. Jake, der alte Labrador von Kris, schmiegte sich an meinen Stiefel, und Spud, mein vierzehn Monate alter Setter, lag etwas weiter weg und drehte den Kopf, als wolle er dem Gespräch folgen. Erney erzählte mir, daß sich dreizehn männliche Spitzschwanzhühner an einer einzigen Stelle herumgetrieben hätten und sechs an einer anderen. Die Stockenten auf den Teichen hatten die Mauser gehabt. Auf der hinteren Weide hatte er dreiundzwanzig Antilopen gesehen. Und später, als der Whiskey dem Kaffee gefolgt war, fragte er nach dem Wanderfalken, den ich inzwischen Dolly nannte.

Ich brachte sie in die Küche, und wir untersuchten sie im trüben Lampenlicht. In Boise hatte ein anderer Freund, Bill Heinrich, mir geholfen, sie aus der Wildflugkammer zu holen, in der man sie bis zum Ende der Freilassungssaison gehalten hatte. Wir paßten ihr an jedem Fuß Bellen an, die traditionellen leichten Glöckchen, und weiche Lederbänder mit Metallringen für abnehmbare Riemen, die man das Geschüh nennt. Bill hatte ihr eine Haube gemacht, unter der sie nach Sitte der alten Falkner während der zweitägigen Reise geblieben war, um ihr das Trauma neuer, erschreckender

Bilder zu ersparen. In der Küche des kleinen Farmhauses untersuchten wir nun ihre Federn, Füße, Klauen und allgemeine Verfassung und nahmen ihr die Haube ab. Sie stand auf meiner Faust, überrascht vom Licht und den Menschen, die sie anstarrten; doch ihre Augen behielten den kühnen Ausdruck, dessen Wildheit mich und Erney in den Bann schlug. Nach ein paar Sekunden schon streifte ich ihr die Haube wieder über und zog mit der rechten Hand und den Zähnen die Fußbänder fest, weil ich mit der linken Hand den Falken halten mußte. Dann sprachen wir lange Zeit kein Wort. Erst schauten wir auf den Falken, und dann sahen wir uns mit einem wissenden und erregten Lachen an.

Am nächsten Tag trieb ich einen Ständer aus Ahorn- und Walnußpreßholz auf, der wie eine kleine, stabile Bongotrommel gebaut war und unten einen spitzen Eisenstab hatte, der fest in die Erde gesteckt werden konnte. Obenauf hatte er eine drehbare, weiche Kunstrasenfläche zum Schutz der Füße des Falkens. Ich hatte den Ständer vor sechzehn Jahren gebaut. Ursprünglich gab es fünf davon, die bis zum Ende meiner Tage reichen sollten. Der Holzblock, den ich nun aus einem Haufen von Hundeleinen, Packsätteln und Tontaubenschleudern hervorkramte, war der letzte, der mir geblieben war. Die übrigen hatte ich, wie auch einige der dazugehörigen Falken, jungen Männern geschenkt, von denen ich annahm, daß sie damit gut umgehen würden. Dieser letzte Falkenblock wirkte für heutige Verhältnisse wuchtig. In den vergangenen Jahren hat sich die falknerische Ausrüstung in den Vereinigten Staaten außerordentlich verfeinert.

Der Block, den ich in den Boden des wettergeschützten Geheges der Ranch trieb, war zu seiner Zeit auf dem neuesten Stand der Technik und sah trotz seines Alters und etwas plumpen Drehmechanismus immer noch prächtig aus, wenn sich ein Wanderfalke darauf befand.

Während der zwei Wochen, die ich auf der Ranch zubrachte, lebte Dolly, wenn ich sie nicht auf der Faust trug, in dem wettergeschützten Gehege, wo sie vor Raubvögeln sicher war. Damit sie sich nicht übermäßig aufregte und verletzte, blieb sie zuerst unter der Kappe, außer in der Nacht und beim Füttern. Nach ein paar Tagen erlaubte ich ihr, für kurze Zeit ohne Haube an der Leine auf dem Block zu stehen. Als sie sich an Erney und mich gewöhnt hatte, verlängerte ich die haubenlose Zeit und machte sie mit Automobilen und Pferden vertraut. Mein Ziel war, sie allmählich an verschiedene Dinge zu gewöhnen, so daß sie keinen Schrecken bekam und wegzufliegen suchte. Daß ein Falke unruhig wird, abspringt und plötzlich bis ans Ende der Leine stößt, sollte möglichst vermieden werden. Den Vorgang, den Falken an Menschen und ihre Aktivitäten zu gewöhnen, nennt man »abtragen«. Vögel, die für den normalen Gebrauch in der Falknerei bestimmt sind, werden um so zahmer und für die Beizjagd geeigneter, je vollständiger das »Abtragen« gelingt. Bei Dolly mußte ich anders vorgehen. Sie sollte sich so weit an Menschen und Hunde gewöhnen, daß sie durch ihren Anblick nicht erschreckt wurde, aber scheu genug bleiben, um rasch in den wilden Zustand zurückzufallen, wenn ich sie freiließ. Tom Cade, der Begründer des Peregrine Fund und

Autor von *Falcons of the World*, beschreibt die Falknerei als eine besondere Art der Vogelbeobachtung. Wenn er damit recht hat, wie ich meine, dann ist es ein Ziel der Falknerei, einen Großteil der Wildheit der Falken zu erhalten und nur jene Züge abzuschwächen, die für das Tier in seiner neuen Situation schädlich sein könnten.

In diesen zwei Wochen legte ich mich, so oft ich nur konnte, in Dollys Nähe ins Gras. Ich las altvertraute Bücher und dachte über die Beziehungen zwischen ihrer und meiner Art nach. Wanderfalken und Menschen verbindet eine besondere, uralte Geschichte, die sonst nur noch von Hunden und Pferden erzählt werden könnte. Doch der Wanderfalke nimmt eine Sonderstellung ein, weil er nie domestiziert worden ist. (Es stimmt ein wenig traurig, wenn man bedenkt, daß die Erfolge der letzten Zeit, Raubvögel in Gefangenschaft zu züchten, das verändern könnten.) Ist das Pferd oder der Hund gerade durch die Veränderung seiner angestammten Wesensart für den Menschen attraktiv geworden, so gilt für den Wanderfalken das Gegenteil. Doch gibt es da ein besonderes, unleugbares Band. Niemand hat das Wesen der Beziehung zwischen Wanderfalken und Menschen so gut erfaßt wie Rodger Tory Peterson in *Birds Over America*. »Der Mensch trat aus dem Schatten der Vorzeit mit einem Wanderfalken auf der Faust heraus. Seine kühlen, braunen Augen haben, mehr als die irgendeines anderen Vogels, dem Kampf um die Zivilisation zugesehen, von den erbärmlichen Zelten in den Steppen Asiens vor Tausenden von Jahren bis zu den Marmorsälen europäischer Könige im siebzehnten Jahrhundert.«

Und heute, dachte ich, können sie miterleben, wie der nordamerikanische Mensch im 20. Jahrhundert versucht, sein Verhältnis zur Umwelt zu begreifen und seinen Platz in ihr zu finden.

Warum der Wanderfalke? fragte ich mich. Die Frage war rhetorischer Art. Ich kannte die Antwort; sie war in meinem Kopf und in den Büchern, in denen ich herumlas, als ich draußen bei Dolly war. Wanderfalken inspirieren die schöpferische Phantasie des Menschen. Sie sind von verhaltener Schönheit. Die Altvögel haben eine blauschwarze Oberseite aus winzigen Federn, von denen jede einzelne farblich abgestuft ist, und eine breite, lachsrosa-weiße Brust mit dunklen Flecken. Ich blickte auf Dolly in ihrem dunklen, noch nicht ausgewachsenen Gefieder und bemerkte besonders ihre bläulich-gelben Fänge, die langen, schmalen Zehen und die tiefschwarzen Klauen. Gerade hob sie einen Fuß und kratzte sich so vornehm an den winzigen Federn unter dem Kinn, wie sich eine Dame beim Dinner an der Nase kratzen würde. Immer noch mit erhobenem Fuß, zupfte sie sanft an der kleinen Belle, die an ihrem Bein befestigt war. Dann durchbohrte sie mich mit ihren dunklen Augen und berührte mein Innerstes. Wenn die Augen die Fenster zur Seele sind, dann ist die Seele des Wanderfalkens tief und erhaben. In jenen Augen konnte man reißende Ströme sehen, Berge, Ozeane – und die Schnelligkeit und Entschlossenheit, über sie alle zu verfügen. Wanderfalken nisten an den schönsten Plätzen der Erde. In den Tagen ihres unaufhaltsamen Niedergangs, als es nur noch wenige Nester dieser Vögel gab, konnte man einen Wanderfalkenhorst am ehesten finden, wenn man in die

nächste Touristenfalle marschierte und sich die Post-
karten von den schönsten Stellen in der Umgebung
ansah. Die Felsen und Gipfel, die Panoramen und
weiten Landschaften, die den Fotografen beeindruck-
ten, hatten vor Jahren, vielleicht vor Jahrhunderten,
auch den Wanderfalken angelockt. In Colorado konnte man in den frühen siebziger Jahren die meisten
verbliebenen Wanderfalkenhorste an jedem Postkar-
tenständer finden.

Wanderfalken und Menschen scheinen die gleichen
ästhetischen Vorlieben zu besitzen. Zweimal habe ich
auf Forschungsreisen, die ich wegen der Falken unter-
nahm, erlebt, daß mein Begleiter leise den Kopf schüttelte, mich verträumt ansah und sagte: »Die wissen, wo
man gut leben kann.«

Das erste Mal geschah es auf dem Gipfel einer
Klippe hoch über der Tundra von Grönland. Das
zweite Mal auf einer Insel im Golf von Mexiko. Auch
noch andere ästhetische Bande lassen sich finden.
Wanderfalken und die Falknerei werden in den Wer-
ken vieler Dichter erwähnt: Byron, Browning, Cole-
ridge, Keats und Yeats sind nur einige Namen. Bei
Shakespeare finden wir buchstäblich Hunderte von
Anspielungen und Metaphern aus der Falknerei, die
zwischenmenschliche Gefühle und die Empfindungen
aus der Begegnung des Menschen mit der Wildheit
und Schönheit der Falken zu einer Synthese ver-
schmelzen.

In dem zufälligen Haufen von Büchern, die ich
hinausgeschleppt hatte, befand sich ein zerfleddertes
Exemplar mit Yeats-Gedichten. Wieder einmal blätter-
te ich in »Die Wiederkunft«, einem Gedicht, das ich nie

verstanden hatte, und las es laut vor, als ob Dolly mir helfen könnte. Der Anfang lautet:

Die Wiederkunft

Kreisend und kreisend in dem sich weitenden Wirbel
kann der Falke den Falkner nicht hören;
alles fällt auseinander; die Mitte kann nicht halten;
bloße Anarchie bricht über die Welt herein,

Yeats hat den Verlust des Falkens gewählt, um die Wiederkunft einzuleiten, aber nicht die eines Christus, den viele erwarten:

und welch wildes Tier, dessen Stunde schließlich gekommen ist,
schlurft nach Bethlehem, seiner Geburt entgegen?*

Eine Woche später fuhr ich mit den Hunden und dem Falken auf der Ladefläche und Erney auf dem Beifahrersitz des Pick-ups gen Westen. Etwas in mir wollte die Ranch nicht verlassen, etwas in mir wollte für den Rest meines Lebens jeden Morgen auf meinen 500 Hektar Weideland herumstreifen, die Nachbarn wieder kennenlernen und ein Fohlen kaufen, um mit ihm täglich zu arbeiten. Doch Dolly war bereit und die Erlaubnis der Bundesregierung eingetroffen. Ich hatte mich der Sache verschrieben.

Wir fuhren auf das Charles M. Russell National Wildlife Refuge zu. Dieses Naturschutzgebiet und das Land nördlich davon bis zum Milk River haben mir

---

* Übersetzt von Willi Erzgräber in: Moderne englische Lyrik. Hrsg. von Willi Erzgräber und Ute Knoedgen. Stuttgart: Reclam 1976.

immer sehr viel bedeutet. Sie sind abgelegen und rauh – die Ebenen Nordamerikas – und nach fast allen Richtungen hin von Gebirgen durchzogen. Sie sind reich an wildlebenden Tieren und wildwachsenden Pflanzen, ihre Bewohner lieben und achten ihre Heimat, mehr als Menschen an anderen Orten. Schon früh im Jahr wird es in diesem Landstrich kalt. Im September fangen die Wasservögel an, sich auf den Seen und Teichen zu versammeln; Sperlingsvögel bevölkern zu Tausenden die waldigen Schluchten; Falken und Bussarde gleiten die umliegenden Berghänge herab, um sich von ihnen zu ernähren. Neben den Zugvögeln leben hier auch Standvögel: Beifußhühner, Spitzschwanzhühner, Elstern und Wachteln. Die Tage sind warm und windig; die Nächte können schon vom Frost berührt werden; die virginischen Kirschen werden langsam blutrot.

Der Pick-up war voll beladen. Das Bett wurde von einem Fiberglasaufbau für Wohnmobile überdacht, der ein schweres Metallgestell für weitere Lasten trug. Unter dem Aufbau hatten wir für Dolly an der einen Seite des Bettes einen besonderen Sitz eingerichtet. Auf der anderen Seite befanden sich eingebaute Schränke, in denen wir Kochgeräte, einen Gasofen und Kleidung aufbewahrten. Die Matten für Jake und Spud wurden oben auf unsere Schlafsäcke geworfen, dazu kamen noch Bücherkisten und ein flacher Plastikgewehrkasten, der zwei Schrotflinten und ein Gewehr enthielt. Auf dem Dach des Wohnmobils wurden die großen Dinge festgegurtet: mein Zelt, das aufgebaut zweieinhalb mal dreieinhalb Meter mißt, und die Lebensmittelkiste. In der Fahrerkabine verstauten wir hinter den Sitzen die falknerische Ausrüstung: Falknertasche, Waage, Block und die Badbrente, ein kleines Wasserbecken. Erney und ich saßen ein wenig beengt.

Erney war nie in den Ebenen im Norden Montanas gewesen und freute sich, sie kennenzulernen. Er war jetzt 46 Jahre alt und hatte South Dakota selten verlassen. Aufgewachsen war er mit der tschechoslowakischen Sprache in einer abgelegenen Gemeinde im östlichen South Dakota. Obwohl seine Schulbildung mit der High School beendet war und er den Großteil seines Lebens als Arbeiter verbracht hatte, las er unentwegt und wußte viel über die Natur. Während unserer Fahrt stellte ich ihm immer wieder Fragen. Was sind das da für Bäume? Warum wächst auf jenen Hügeln kein Gras? Und er wußte die Antwort. Er kenne sie aus Büchern, sagte er; nun sah er das, worüber wir sprachen, zum ersten Mal in der Realität.

Wir durchquerten das *sagebrush*-Flachland im Nordosten von Wyoming zwischen den Black Hills und den Big Horn Mountains. Der Sommer dort war gut gewesen; Sagebrush und Gras waren grüner als gewöhnlich. Antilopen, die in kleinen Gruppen auf beiden Seiten der Straße grasten, gab es zu Hunderten. Ihre Jungen, gewöhnlich Zwillinge, hatten noch nicht die Größe der Muttertiere erreicht. Dann und wann kamen wir an einer Schar junger Böcke vorbei oder einem vereinzelten großen Männchen, das etwas höher stand und genauso majestätisch und exotisch aussah wie alles in Afrika.

Inmitten der Big Horn Mountains versteckt, liegt Sheridan, Wyoming, einer der schönsten Orte im

Westen. An dieser östlichen Grenze der Rocky Mountains gibt es keine Vorgebirge. Hier stößt das Flachland mit seiner Steppenvegetation unmittelbar an die Berge, und das Land türmt sich abrupt wie eine Mauer vor dem Reisenden auf. Mit den Big Horn Mountains beginnen die Rockies. Selbst im September tragen die Gipfel, die die Sagebrush-Prärie überragen, Schneekappen. Es ist eine ökologische Übergangszone mit einer überreichen Pflanzen- und Tierwelt. Ein paar Stunden Autofahrt von Sheridan entfernt, trifft man auf Elche, zwei Arten von Hirschen, Bären, Antilopen, mehrere Arten Rauhfußhühner, Wachteln, Fasane, Enten und zahllose andere kleine Säugetiere und Vögel. In Sheridan gibt es gemessen an der Einwohnerzahl mehr Falkner als in irgendeiner Stadt der USA, und ich fühle mich dort ein wenig zu Hause.

Am Nachmittag kamen wir auf das Anwesen von Dan und Jeannie Konkel, gerade rechtzeitig, um Dolly in ihrem wettergeschützten Gehege aufzublocken und zuzusehen, wie Dan seinen Gerfalken fliegen ließ. Dan und Jeannie waren alte Freunde von mir. Nach ihrer Heirat hatten wir drei zusammen in South Dakota Spitzschwanzhühner gejagt. Später gaben sie ihre Jobs im Umkreis von Denver auf und zogen nach Wyoming, um Gerfalken zu züchten. Gerfalken sind arktische Vögel, die sich aber gut den nördlichen Ebenen anpassen, wo man sie oft im tiefsten Winter antrifft. Sie sind die größten Falken der Welt und mit die schönsten. Ihr Gefieder reicht von rauchgrauer bis schneeweißer Färbung. Dan ist auf diese Falkenzucht spezialisiert und produziert herrliche hellfarbige Vögel, die fast vier Pfund wiegen, zweimal so viel wie die

Wanderfalken. Der Gerfalke, den Dan an diesem Tag flog ließ, war in diesem Jahr flügge geworden und lernte gerade jagen. Als er ihn herausbrachte, staunte ich über seine Größe. Er war gewaltig, und Dan nannte ihn Jabba. Wie bei allen Falken sind die weiblichen Gerfalken um ein Drittel größer als die männlichen. Da Jabba später als Zuchtvogel Verwendung finden sollte, taten mir jetzt schon alle Männchen leid, die es mit ihr aufnehmen mußten. Aber bislang hatte sie nur Kontakt zu Menschen gehabt, was sie geprägt hatte. Sie fühlte sich als Person und behandelte Dan wie ihren Gefährten.

Mit Jabba und Dans Hund Lance hinten auf dem Laster, fuhren wir in die nähere Umgebung der Stadt. Lance ist ein schöner Setter, ein Sohn des berühmten Hundes Jet Train, ein Enkel von Tomoka, und war vor mehreren Jahren zu mir gekommen, als ich keinen zusätzlichen Hund gebrauchen konnte. So schenkte ich ihn Dan und Jeannie.

Nördlich von Sheridan zieht sich das Land in langen, baumlosen Tälern mit Sagebrush und heimischen Gräsern dahin. In den Schluchten und auf den Ebenen stößt man auf Spitzschwanz- und Beifußhühner. Das letzte Mal war ich hier mit einem anderen Freund jagen, dessen Falke eine Krickente tötete, die von einem der Brutteiche gekommen war, die das Land überziehen. Nach dem feuchten Sommer waren die Teiche voll Wasser – ein idealer Platz für Enten. Doch heute schauten wir nach größerem Wild aus. Es gibt nur wenige Vögel, die groß und schnell genug sind, um einen Gerfalken wie Jabba zu erproben. Das Beifußhuhn, das bis zu sieben Pfund schwer wird, gehört dazu. Beifußhühner sind sehr schnell, wenn sie einmal in Gang gekommen sind, und leben in offenem und relativ flachem Gelände. Jagdhunde lieben sie, weil ihre Witterung leicht aufzunehmen ist und sie sich gut erwischen lassen, bevor sie auffliegen.

Lance erkannte die Gegend wieder und sprang vom Lastwagen. Er raste in eine Schlucht; aber Dan rief ihn zurück und hieß ihn niedersitzen, während er Jabba für den Flug vorbereitete. Er löste die Geschühriemen aus Kängeruhhaut (etwa zwanzig Zentimeter lange und ein Zentimeter breite Riemen) von den Bändern um Jabbas Fänge. Dann brachte Dan einen winzigen Sender an, für den Fall, daß Jabba verlorenging, setzte sie auf seine linke Faust und gab Lance mit der freien Hand das Zeichen zum Aufbruch. Wir gingen nebeneinander mit dem Falken durch das Gras und sahen lächelnd zu, wie der Setter an den Rändern der Schluchten umherschweifte und vom Wind getriebenen Beifußsträuchern nachjagte.

Es tut gut, einen guten Vogelhund zu beobachten. An der Art, wie er seinen Kopf und Schwanz hält, kann man erkennen, daß er liebt, was er tut. Die Bewegungen eines Vogelhundes haben etwas Erregendes an sich. Seine Instinkte sind erwacht. Aus dem Zwinger in die Freiheit entlassen, tut er das, wofür er geschaffen. Zudem jagt er gemeinsam mit seiner Meute, die er in uns sieht. Für Lance jagten wir zusammen und vereinten unsere Bemühungen, Wild zu fangen und zu töten. Alle Hunde fühlen sich als Teil einer Meute, die aus Menschen und Hunden besteht, mit denen sie zusammenleben. Ab und zu blickte Lance über die Schulter zurück und vergewisserte sich, ob ihm seine Jagdgenossen immer noch folgten. Ich hoffte, daß auch Spud eines Tages so rennen und jagen würde. Mit vierzehn Monaten war er noch zu verspielt, um ernsthaft zu jagen, und wäre trotz erster Anzeichen einer guten Nase und der Bereitschaft, Fähren zu verfolgen, eine Belastung in dem genau aufeinander abgestimmten Wechselspiel zwischen Spürhund und Falken gewesen. Dieser Nachmittag gehörte Lance und Jabba.

Nach ein paar Minuten verschwand Lance in einer tiefen Schlucht. Als er auf der anderen Seite wieder auftauchte, bewegte er sich langsam, und sein Schwanz peitschte aufgeregt hin und her. Dan blieb stehen und beobachtete ihn. »Er hat Vögel aufgespürt«, sagte er. Wir sahen, wie sich Lance niederduckte und in Windrichtung vorwärtskroch. Dann warf er sich dem Wind entgegen, hielt inne, bewegte sich weiter und blieb schließlich mit senkrecht stehendem und steifem Schwanz wie erstarrt stehen. »Da sind sie«, sagte Dan.

Niemand rührte sich. Wir sahen Lance noch einen Moment lang zu, um sicherzugehen, daß er das Beifußhuhn aufgestöbert hatte; dann nahm Dan Jabba die Haube ab. Bis jetzt war sie ruhig und entspannt gewesen; doch als sie die Kappe los war, legte sie das Gefieder an und starrte mit ihren schwarzen Augen, die gegen die fast weißen Federn noch stechender wirkten, auf den Horizont und auf den Hund, der wie versteinert auf dem nächsten Hügel stand. Sie ließ ihr Gefieder erschlaffen und schüttelte es auf. Als ihre Federn wieder glatt am Körper lagen, stürzte sie sich in den Wind. Wir warteten und hofften, daß sie hoch über den Setter und das Huhn, das sich versteckt hatte, fliegen würde.

Der Wind trug sie gut fünfzig Meter nach hinten. Sie flog in Schräglage und kämpfte mühsam gegen die Brise an. Gerfalken fliegen nicht mit der Anmut und Begeisterung von Wanderfalken, aber unvergleichlich kraftvoll. Als sie sich einmal dem Wind entgegengestemmt hatte, gewann Jabba mit jedem Flügelschlag an Höhe. Weil Gerfalken ein Beifußhuhn nur aus ausreichender Höhe schlagen können, wartete Dan, bis Jabba ihre Position verbessert hatte. Dann gingen wir langsam hinter Lance her, bis Dan meinte, daß Jabba nun Aussicht auf Erfolg hätte.

Will man einen Anflug auf ein Huhn beobachten, sollte man sich einen Trick merken. Wenn man nicht weit genug vom Sturzflug des Falkens entfernt steht, kann man gar nicht alles wahrnehmen; denn für das menschliche Auge geschehen zu viele Dinge zu schnell. Um auch nur die geringste Vorstellung von den Abläufen zu erhalten, konzentriert man sich am besten auf den Falken oder das Huhn. Ich beobachtete das Huhn.

Dan ging an Lance vorbei und hielt ihn mit einem leisen »Halt« zurück. Als Jabba über ihnen stand, hörte ich, wie Dan vorwärtsstürzte, und gleich darauf das wundervolle Kak Kak Kak eines auffliegenden Beifußhuhnes. Jabba drehte sich und stieß senkrecht nieder. Das Huhn war ein alter Hahn, groß, erfahren und zweifellos schon mehreren Angriffen wilder Falken erfolgreich entkommen. Es flog mit ausgestrecktem Hals und gefächertem Schwanz mit vier oder fünf schnellen Flügelschlägen und segelte dann im Gleitflug dahin. Der alte Vogel beobachtete den Falken im Sturzflug. Gerade als Jabba dicht über ihm war, drehte er sich zur Seite, ohne auch nur einen Flügelschlag auszulassen, worauf wir das Geräusch vernahmen, wie die Schwingen des Falken an die des Huhnes schlugen. Jabbas Fänge kamen nicht nah genug, und das Huhn entwischte mit Leichtigkeit, obwohl sich der Falke von seinem Sturzflug erholte und ihm nachsetzte.

Wir warteten fünfzehn Minuten, während Jabba über einen Kilometer entfernt am Horizont hin und her flog, außer sich vor Wut, daß sie das Huhn verfehlt hatte. Wahrscheinlich suchte sie nach dem entschwundenen Vogel, was aber aussichtslos war. Als sie zurückkehrte, benahm sie sich immer noch wie verrückt – als ob sie meinte, Dan hätte das Huhn nicht zur rechten Zeit aufgescheucht. Sie stürzte sich auf das Federspiel, das Dan an der langen Leine schwang, und riß an dem Fleisch, das daran hing, als ob es das Huhn wäre, das sie besiegt hatte. Eine Zeitlang schrie sie voller Wut; doch nach ein paar Minuten schien sie uns zu vergeben und stand ruhig und zufrieden auf Dans Faust. Erney und ich kamen näher und sahen zu, wie Jabba ihren Schnabel an Dans Handschuh säuberte. Das würde ihr eine Lehre sein, sich beim nächsten Mal schlauer anzustellen, meinte Dan. Er gab ihr gerade genug zu fressen, damit sie sich beruhigte. Sie war immer noch hungrig, als sie unter die Haube kam. Nun konnte sie darüber nachdenken, was sie hätte tun sollen, um sich ein ganzes Huhn zu verschaffen.

Die Interstate 90 verläuft von Sheridan, Wyoming, nach Billings, Montana, und weiter durch das nördliche Tafelland. Den Little Big Horn River entlang führt sie nach Crow Agency, einer kleinen Stadt nicht weit entfernt von dem Ort, den man Custer Battlefield nennt. Wenn ich an die Schlacht denke, die dort stattgefunden hat, schweife ich mit meinen Gedanken durch die Berichte der Kavalleristen und der Indianer und bleibe an etwas hängen, das John Neihardt von Augenzeugen gehört und in seinem Buch *Black Elk Speaks** erzählt hat. Am Tage der Schlacht schwammen Tausende von Indianern im Little Big Horn River, der durch ihr Lager floß. Die nebeneinanderstehenden Bilder dieser entspannten Eingeborenen, die wirklich eins mit ihrer Umwelt waren, und der steifen, schwitzenden Kavalleristen der 7. Kompanie, die um jeden Meter dieser Prärie kämpften, stellen einen schroffen Gegensatz dar. Sie bergen das Rätsel Montanas, des alten und des neuen, der Eintracht und der Zwietracht zwischen Mensch und Natur. Das Nationaldenkmal, das an diese Schlacht erinnert, befindet sich an einer der Zufahrtstraßen nach Montana. Jedes Jahr kommen Tausende hierher, um der Kavalleristen und Indianer, die hier den Tod fanden, zu gedenken. Doch manche sehen in dem Monument die andere, die häßliche Seite der amerikanischen Geschichte, die immer noch nicht überwunden ist.

---

* Black Elk Speaks: Being the Life-Story of a Holy Man of the Ogallala Sioux (Schwarzer Hirsch: Ich rufe mein Volk. Leben, Traum und Untergang der Ogallala-Sioux). Autobiographie von Black Elk (1863–1950), aufgeschrieben von John G. Neihardt, erschienen 1932. A. d. Ü.

Hinter Billings fuhren wir auf den Highway 87 nach Roundup, Lewistown und in das alte, offene Weideland des Judith-Beckens. Nun hatten wir es eilig, ein Lager aufzuschlagen und Dolly für ihren ersten Jagdflug vorzubereiten. Als wir das Steilufer über dem Missouri hochgefahren waren, befanden wir uns im Charles Russell National Wildlife Refuge. Silbern mäanderte der Fluß unter uns, und die Pappeln hatten schon goldene Farbe bekommen. Das erinnerte mich erneut daran, daß es Zeit wurde, ein Lager aufzuschlagen, Zeit, daß Dolly auf Reise ging.

Überall gab es Anzeichen des feuchten Sommers. Das Gras stand besonders hoch für September, die Beifußsträucher hatten ein dunkles Silbergrün, und die schmutzigen Wege, die auf das Haus der Robinson Ranch zuführten, waren von tiefen, harten Furchen durchzogen. Mrs. Robinson bot uns Kaffee an, den wir jedoch ablehnten. Wir sprachen über den vielen Regen, den sie gehabt hatten, und schließlich sagte Mr. Robinson, daß er uns jetzt zum Lagerplatz bringen würde. Auf einer neuen Straße folgten wir seinem großen Pick-up mit Allradantrieb bis zu einem Platz, wo ich in früheren Jahren gezeltet hatte. Unser alter Weg war vom Sommerregen ausgespült, und Mr. Robinson wollte sichergehen, daß wir den neuen Weg fanden. Wir hätten uns schon allein zurechtgefunden; aber er wollte uns nun einmal begleiten. Die nächste Stadt, die diese Bezeichnung verdiente, war vierzig Kilometer entfernt; die Aussicht auf ein Gespräch muß verlockend gewesen sein.

Ich ließ die Hunde frei und blockte Dolly unter dem einzigen Baum im Umkreis von Kilometern auf. Während Spud und Jake die Umgebung erkundeten und Dolly sich putzte, entluden wir drei meinen kleinen Laster. Wir unterhielten uns weiter über das ungewöhnliche Sommerwetter, die Viehpreise, die Möglichkeit eines erneuten Getreideembargos und eines frühen Wintereinbruchs. Bevor Mr. Robinson ging, bat er uns, doch einmal zum Kaffee vorbeizuschauen oder »einfach nur so«.

Wir schlugen das Zelt hinter dem Deich eines Zuchtteiches auf. So waren wir vor den Nordwestwinden geschützt und mußten nicht tief unten in einer Schlucht kampieren, die bei einem starken Sturm überflutet werden konnte. Der gewählte Platz war mit Büffelgras bewachsen und von Beifußsträuchern umgeben. In der Schlucht gab es etwas Wasser für die Hunde, und Dolly konnte unter knorrigen, schattigen Pappeln aufgeblockt werden, von wo sie einen herrlichen Blick über das Land hatte. Ein paar Meter vom Zelt entfernt bauten wir einen rohen Tisch, stellten die Badbrente und die Falkenwaage auf eine hölzerne Kiste und die Klappstühle in die Nähe der Zelttür. Im Zelt bauten wir an jeder Wand ein Feldbett auf; dazwischen kam unser Holzofen. Ich hängte eine Lampe an einen Draht, den ich um die Firststange gewickelt hatte.

Wir gingen mit Dolly noch eine Stunde lang herum und brachten sie dann zu ihrer Sicherheit in den Wagen. In Vorbereitung auf die nächste Phase ihres Trainings, die am Morgen beginnen sollte, bekam sie nichts zu fressen. Wir leinten die Hunde an, damit sie nicht umherstreifen konnten. Als es dunkel war, ließen wir uns häuslich nieder. Bald brutzelten Koteletts und

Kartoffeln in der Bratpfanne. Erney und ich zogen dicke Wollpullover gegen die Kälte der Nacht an und setzten uns mit vollen Tellern in die Klappstühle. Wir sprachen kein Wort. Die Hunde lagen ruhig in unserer Nähe. Doch als wir den ersten Kojoten hörten, hob der junge Hund ruckartig den Kopf und schnappte in die Luft. Früher hatte er Kojoten nur gehört, wenn er im sicheren Farmhaus in South Dakota lag. Diese Montana-Kojoten müssen ihm sehr nah vorgekommen sein. Er starrte in die Dunkelheit, dann sah er uns an. Noch immer sagten wir nichts. Wir blickten uns an und lächelten, und schließlich legte Spud den Kopf wieder nieder. Doch ich glaube, er hat nicht viel geschlafen. Ich bezweifle, daß irgendeiner von uns in dieser Nacht durchgeschlafen hat. Die Männer, die Hunde, der Falke: Ob sie wohl dieselben Gedanken gehabt, dieselben Geräusche gehört und den Morgen mit der gleichen Spannung erwartet haben?

* * *

Eine Stunde später setzte ein leichter Regen ein. Nur mit Unterhosen bekleidet, stand ich auf und brachte die Hunde zu Dolly hinten in den Wagen. Die Nacht war dunkel, und die Luft fühlte sich im Regen dick und schwer an. Ich fror vor Kälte und Feuchtigkeit, als ich wieder in meinen Schlafsack kroch. Ich dachte an lauter Kleinigkeiten für den nächsten Tag, an dem Dolly fliegen sollte. Während der letzten Woche hatte ich ihr Gewicht reduziert, und sie vertraute mir jetzt genug, um zur Fütterung auf meine Faust zu springen. Morgen würden wir sie an das Federspiel gewöhnen, einen leichten Lederbeutel, an dem Lockbissen und ein etwa zwei Meter langer Riemen befestigt sind. Das Federspiel wird über dem Kopf des Falkners im Kreis geschwungen, um den Falken anzulocken; dann läßt man es zu Boden fallen, damit der Falke kröpfen kann. Am Anfang würde ich Dolly an eine fünfzehn Meter lange Leine binden, damit sie nicht wegfliegen konnte. Später konnte sie dann frei auf das Federspiel zufliegen. Das war ein wichtiger Schritt beim Training. Wenn alles gut ging, würde sie nach ein paar Tagen ohne Leine fliegen und nach einer Woche Wild jagen. Mit diesem Bild vor Augen schlief ich ein.

Doch um zwei Uhr nachts wurde ich wieder vom Regen geweckt. Diesmal peitschte ihn ein kräftiger Wind. Die Zeltleinwand knatterte, und ich fühlte, wie sich der Boden unter meinem Feldbett hob. Der Wind kam in Stößen und schien an Geschwindigkeit zuzunehmen. Eine halbe Stunde vielleicht lag ich wach und lauschte, wie der Sturm durch die Zeltnähte pfiff und die Leinwand immer heftiger knattern ließ. Ich befürchtete, daß der Wind das Zelt zerreißen oder die Aluminiumstangen verbiegen könnte.

»Bist du wach, Erney?« fragte ich schließlich.

»Ja.« Es war eine alberne Frage. Niemand konnte schlafen, wenn der Wind derartig heulte und das Zelt beutelte.

Das Zelt neigte sich unter dem Sturm, die Blöcke auf der windzugewandten Seite waren herausgerissen, und die Ecken flatterten wie verrückt. Der Aluminiumrahmen, auf den das Zelt gespannt war, stand unter extremer Belastung. Nur unser Gewicht hinderte das Zelt noch daran, davonzufliegen.

»Er bläst mit zwanzig Stundenkilometern«, rief ich in den Lärm.

»Mindestens«, sagte Erney. »Sieh lieber nach ihnen.« Weil das Zelt leicht davonfliegen konnte, sollte Erney bleiben, wo er war. Ich saß auf der Ecke des Feldbetts, zog mir etwas an und wartete, daß der Wind nachließ. Dann stürmte ich aus dem Zelt durch den nadelartigen Regen zum Pick-up und bugsierte ihn an die Windseite des Zeltes. Selbst der Pick-up war vom Sturm durchgerüttelt, und der Regen prasselte wie Luftgewehrgeschosse gegen die Windschutzscheibe und auf das Dach. Noch bevor ich das Zelt am Wohnwagen festgebunden hatte, war ich bis auf die Haut naß; doch ich nahm mir noch die Zeit, um in den hinteren Teil des Pick-ups zu sehen. Die Hunde lagen eng zusammengerollt; Dolly hatte den Kopf unter einen Flügel gesteckt und stand friedlich auf einem Bein. Der Sturm schien ihnen nichts auszumachen.

Der Wind blies noch mit voller Kraft. Das Zelt wackelte und knatterte, blieb aber aufrecht stehen. Vor Kälte bibbernd, streifte ich meine Kleider ab und kletterte in den Schlafsack. Einen Augenblick lang hatte ich das Gefühl, daß der Regenguß die Kälte nicht herauslassen würde und ich in meinem Sack erfrieren könnte wie ein Bergsteiger an einer Felswand. Doch bald schon strömte die Wärme in meine Arme und Beine zurück. Erney schnarchte friedlich. Doch ich konnte nicht schlafen. Dollys Ruhe hinten im Pick-up hatte mich berührt. Ich fragte mich, ob sie sich als wilder Falke auf dem ersten Abschnitt seiner Wanderung anders verhalten hätte. Wäre sie so ruhig geblieben, wenn sie sich in dem Sturm auf einem zwergwüchsigen Präriebaum niedergelassen hätte? Hätte sie sich dann gefürchtet? So sehr wie ich? Oder hätte sie sich immer noch geborgen und heimisch gefühlt, in Harmonie mit der Natur, die für mich nicht erreichbar war?

* * *

Das feuchte Wetter hielt drei Tage lang an, was unser Vorhaben begünstigte. Sonnige Tage verführen den Falken zum Fliegen, nicht nur bis ans Ende der langen Leine, sondern in schwindelnde Höhen hinauf, die sich dem Blick des Menschen entziehen. Schönes Wetter bewirkt auch, daß Falken nicht so erpicht auf Nahrung sind, weil sie dann weniger Kalorien brauchen. Somit war ich den grauen Tagen dankbar.

Dolly kam auf das Federspiel zu, sobald sie seiner ansichtig wurde. Es war der Morgen nach dem Sturm, und die Sagebrush-Ebenen waren aufgeweicht. Große, flache Pfützen hatten sich auf der harten Erdpfanne gebildet. Die Weizenhalme lagen darnieder und hatten sich wie Schwämme vollgesogen. Ich stellte Dolly auf einen Zaunpfahl und band die Leine dort fest. Als sie die Wachtel sah, die an dem Federspiel hing, sprang sie mit nur zweimaligem Flügelschlagen anmutig in den Wind und segelte dann mit hinter ihr schleifender Leine elegant heran. Sie packte das Federspiel, als könne es ihr entkommen, und begann zu kröpfen. Sie hatte nur ein paar Meter zurückgelegt, nicht gerade ein kühner Flug, aber ein Anfang.

Ich widerstand der Versuchung, es noch einmal zu probieren, weil ich wußte, daß eine gute Erfahrung mehr wert war als zehn mittelmäßige. Ich saß im nassen Gras und sah ihr beim Fressen zu. An diesem Morgen wog sie 794 Gramm.

Die Wachtel an dem Federspiel und das bißchen Fleisch, das ich brauchte, um sie auf meine Faust zu locken, waren darauf abgestimmt, dieses Gewicht in etwa zu halten. Wenn das Wetter so blieb, konnte sie am nächsten Morgen wieder fliegen. Als sie die Wachtel an dem Federspiel aufgefressen hatte, war sie einen Moment lang verwirrt und merkte nicht, daß es auf meinem Handschuh noch mehr Atzung gab. Ich streckte die Faust aus, und sie blickte umher, als ob sie davonfliegen wollte. Das Ende der Langleine hielt ich in meiner Hand, so daß sie nicht entkommen konnte; doch wenn sie absprang, würde ich sie zurückhalten müssen, was für das Training schädlich war. Ich blieb wie angewurzelt stehen, dann wackelte ich langsam mit dem Fleisch auf meiner behandschuhten Faust. Sobald sie das sah, entspannte sie sich und nahm auf dem Handschuh Platz, um ihre Mahlzeit zu beenden. Dann gingen wir eine Stunde lang spazieren, damit sie sich an verschiedene Ansichten und das Gefühl, auf meiner Hand zu reiten, gewöhnte, bevor sie wieder unter die Haube kam. Vorige Woche hatte sie sich ein paar Tage lang gegen die Kappe gesträubt; jetzt aber nahm sie sie gut an. Unsere Augen befanden sich auf gleicher Höhe, während sie ruhig dastand und die Nickhaut über die Augen zog, als ich sie verkappte. Die Haube dient vor allem dazu, den Falken ruhig zu halten; und Dolly hatte gelernt, daß sie sich unter der Kappe sicher und geborgen fühlen konnte.

Unser Lager befand sich inmitten vieler Tausend

Quadratkilometer Weideland mit Sagebrush-Vegetation. Ein Teil des Landes war Privatbesitz; das meiste jedoch wurde von der Regierung für wenig Geld an die örtlichen Farmer verpachtet, um das Vieh im Sommer mit ausgedehnten Weideflächen zu versorgen. Das ist eine Art von staatlicher Subvention für die Viehindustrie. Gelegentlich habe ich von meinem Nachbarn in South Dakota Land gepachtet und fünfzehn Dollar im Monat dafür bezahlt, eine Kuh und ihr Kalb weiden zu lassen. Eine Regierungspacht kostet nur ein paar Dollar; aber an solche Verträge kommt ein Mensch wie ich kaum heran. Die Weidegenehmigungen werden nicht an den Meistbietenden vergeben, wie das fast in jedem anderen Bereich üblich ist. Statt dessen werden sie nach einem System verteilt, das einer Erbpacht gleicht und es fast unmöglich macht, einem Empfänger die einmal erteilte Lizenz zu entziehen. Wenn man bedenkt, daß diese öffentlichen Ländereien auch der Erholung und der wilden Tier- und Pflanzenwelt dienen sollen, dann erscheint diese Politik widersinnig, weil sie die Zerstörung des Landes durch Überweidung fördert und damit den Lebensraum wilder Tiere und Pflanzen und die Erholungsmöglichkeiten einschränkt.

Ein sehr kleiner Prozentsatz des in den USA produzierten Fleisches stammt von staatlichen Ländereien; aber jedes Pfund, das produziert und auf den Markt geworfen wird, senkt den Preis, den private Produzenten für ihre Produkte erzielen. Den privaten Produzenten, die nicht in den Genuß solcher Pachtverträge kommen, ginge es besser, wenn öffentliche Ländereien überhaupt nicht als Weideland genutzt werden dürften. Nur die subventionierten Farmer, die die Kontrolle über die Lizenzen haben, hätten dadurch einen Nachteil. Von diesen Leuten gibt es nur sehr wenige; aber sie betrachten die Pachtverträge zunehmend als ihr Eigentum. Sie verkaufen sogar die Verträge mit dem dazugehörigen Besitz, manchmal zu sagenhaften Preisen. Auch wenn es die meisten Nutznießer solcher Verträge nicht gern zugeben: Das Gesetz garantiert der Öffentlichkeit den freien Zugang zu diesen Ländereien.

Das Land um unseren Lagerplatz war staatlicher Besitz und für Beifußhühner im allgemeinen gut geeignet. Erney und ich brannten darauf, Spud einen Versuch machen zu lassen. Weil wir Dolly nicht allein lassen wollten, beschlossen wir, uns bei der Jagd mit Spud und Jake abzuwechseln. Während der eine jagte, sollte der andere im Lager bleiben, kochen und aufpassen, daß Dolly nichts zustieß.

An Spud war ich durch Bill Heinrich gekommen, einen alten Freund, der während der Wiedereingliederungssaison mein Boss war.

Bill hatte von einem Wurf Englischer Setter in der Nähe von Boise, Idaho, gehört. Er wollte ein weibliches Junges nehmen und fragte, ob ich an einem männlichen interessiert war. Mein einziger Hund zu dieser Zeit war Jake, ein alter Labrador, der eigentlich Kris gehörte; daher sagte ich zu. Die Eltern von Spud waren beide Champions; als ganz junger Hund nannte man ihn »Kartoffelkopf«. Dieser Hund war wild auf Vögel und Menschen. Von Anfang an sprang er einem entweder auf den Schoß oder versuchte, Vögel zu jagen. Den ganzen Tag jagte er auf der Ranch die

Haustauben. Den Tauben konnte nichts geschehen, und das wußten sie auch; doch wenn man Spud so zusah, dachte man, daß er kurz davor war, die Beute zu schlagen. Soweit ich weiß, kam er nie mehr als ein paar Meter an eine Taube heran; doch sein Eifer ließ nicht nach.

Es gibt verschiedene Ansichten über die Ausbildung von Vorstehhunden. Ich war immer der Meinung, daß die wichtigste Eigenschaft das Interesse an Vögeln ist. Ein Hund, der aus guter Zucht stammt, wird vorstehen, wenn er herausfindet, daß die Jagd auf Vögel ihm nichts einbringt. Er hört mit dem Jagen auf und beginnt vorzustehen, ohne daß der Trainer Druck ausüben muß, wodurch das Interesse des Hundes an Vögeln erlahmen würde. Spud jedoch liebte die Jagd auf Vögel mehr als irgendein anderer Hund, den ich kannte; und ich fragte mich oft, ob er jemals damit aufhören würde.

Die meisten Hunde haben keine scharfen Augen, Spud jedoch konnte besser als ein Mensch sehen. Eines Tages zu Beginn des Frühlings, als Spud noch kein Jahr alt war, standen wir draußen im Hof, als er plötzlich die Ohren spitzte und den Horizont absuchte. Ein paar Sekunden lang beobachtete er den Himmel, dann rannte er, so schnell er konnte, nach Süden. Es war unmöglich, ihn aufzuhalten, und so sah ich zu. Ich hatte keine Ahnung, was er erspäht hatte, bis ich den klagenden Laut ziehender Kraniche hörte. Die Kraniche flogen sehr hoch, und ich konnte sie nicht sehen, bis sie fast über dem Haus waren. Spud befand sich dicht hinter ihnen, wenn auch einige Tausend Meter weiter unten, und rannte hin und her, während er nach oben blickte. Die Kraniche zogen weiter nach Norden, und Spud folgte ihnen. Die Kraniche konnten von ihm nichts wissen. Sie befanden sich auf ihrem Nonstopflug nach Kanada. Das letzte, was ich an diesem Tag von Spud sah, war sein Schwanz, der gut einen Kilometer nördlich vom Haus entfernt über einem Bergrücken verschwand.

Erney ließ mich zuerst jagen. Ich machte mich auf den Weg durch die Beifußsträucher und hoffte, daß Spud an Beifußhühnern genauso interessiert war wie an Tauben und Kranichen. Old Jake kam mit, um die Vögel aufzustöbern, die Spud verpaßte, und um die erlegten zu apportieren. Wir drei boten einen seltsamen Anblick: Ich war von den Sträuchern bis zu den Knien durchnäßt, Spud eilte mit großer Geschwindigkeit weit voraus, und Jake, mein altgedienter Jagdgefährte, ging gehorsam bei Fuß. An der Seite trug ich die zwanzigkalibrige Schrotflinte, die mir mein Vater hinterlassen hatte.

Das Land zog sich in langen, flachen, von Bergketten gekrönten Tälern hin. Der Sagebrush und das Gras schienen eine zu gleichförmige Vegetation zu bilden, als daß Vögel, die man jagen konnte, hier eine Heimat finden konnten. Doch Beifußhühner unterscheiden sich von den meisten Wildvögeln in mehrfacher Hinsicht. Ein Unterschied besteht darin, daß sie fast alles, was sie zum Leben brauchen, in einer Pflanze finden. Sie bevorzugen den süß duftenden, graugrünen Sagebrush nicht nur, sie sind auf ihn angewiesen. Wenn diese Sträucher aussterben, stirbt auch das Beifußhuhn. Sein Lebensraum wird von den Beifußsträuchern bestimmt. Sagebrush und Beifußhuhn sind so eng miteinander verbunden, daß man sich fragt, ob sie nicht verschiedene Formen der gleichen Substanz darstellen.

So sehr die Hühner den Sagebrush lieben, so sehr haßt ihn der Mensch. Über die Hälfte des Bestandes dieser Pflanzenart, die sich über den ganzen amerikanischen Kontinent erstreckte, bevor die Europäer kamen, ist verschwunden. Ausgegraben, untergepflügt, vergiftet und verbrannt. Die Farmer zerstörten die ihnen unbekannten Sträucher, weil sie nicht begreifen konnten, daß sie ein notwendiger Bestandteil dieser neuen Umwelt waren. Wie die meisten wilden Tiere sind Beifußhühner ziemlich widerstandsfähig gegenüber den langfristigen Auswirkungen von Dürre, Überschwemmung, Verfolgung, extremen Stürmen und natürlicher Auslese; doch der Zerstörung ihres Lebensraumes können sie nicht standhalten. Das ist die einfachste der ökologischen Wahrheiten, die aber am wenigsten verstanden wird. Manche Menschen scheinen nie zu begreifen, daß zunehmende Nachfrage nach Artischocken und Spargel mehr natürliches Leben zerstört als alle Jäger zusammen.

Doch jetzt war kaum der Zeitpunkt, um über solche Dinge nachzudenken. Ich wandte mich lieber Spud zu. Er war der glücklichste Hund auf Erden. Er hatte keine Ahnung, was ich hier tat und warum ich die Schrotflinte mit mir trug, obwohl er an ihr Geräusch gewöhnt war. Er wußte, daß er in Sichtweite bleiben und keine Kaninchen jagen sollte, hatte aber noch nicht herausgefunden, daß ich von ihm erwartete, stehenzubleiben, den Schwanz in die Höhe zu recken und vielleicht sogar eine Vorderpfote zu heben, wenn er ein

Beifußhuhn witterte. Er wußte nicht einmal, was das für ein Vogel war.

Der Sagebrush ist in diesem Teil von Montana kaum einen halben Meter hoch, so konnte ich Spud auf hundert Meter Entfernung gut sehen. Er lief zurück und wieder vor, fünfzig Meter nach links, fünfzig nach rechts. Er rannte wie ein Windhund, und ich versuchte zu erkennen, ob er seine Nase überhaupt benutzte. Einmal glaubte ich zu sehen, wie er den Kopf reckte und gegen den Wind lief; ich war mir aber nicht sicher, es konnte auch nur Wunschdenken sein. Jake trottete an meiner Seite dahin und schnüffelte mit hocherhobenem Kopf in den Wind, weil er wußte, daß da draußen etwas sein mußte. Aber er war ein Apportier- und kein Vorstehhund; sein Hauptinteresse galt toten Vögeln, die er mir zurückbringen sollte. Ich habe nie herausgefunden, warum Apportierhunde Tiere zurückbringen und sie übergeben. Doch das ist ihr Leben. Und Vorstehhunde stöbern lebendige Vögel auf. Sie laufen den ganzen Tag und finden manchmal nicht mal eine Feder. Das alles – das Apportieren ohne Belohnung und die fruchtlose Suche – erschien mir seltsam, bis ich daran dachte, wie ich wohl aussah, mitten in der weiten Prärie, einen Hügel nach dem anderen hinauf- und hinabsteigend, ohne sichtbares Ziel vor Augen.

Ich war schon eine Stunde gegangen, als ich Spud zurückrief, damit er sich ausruhen konnte. Ich wollte ihn streicheln und ihn wissen lassen, daß er seine Sache gut machte, auch wenn wir noch kein Huhn gesehen hatten. Als ich stehenblieb, legte sich Jake nieder und sparte seine Energien für den Fall auf, daß wir ein Feld mit toten Vögeln erreichten, die apportiert werden mußten. Spud rannte immer noch. Er hatte dem Wind den Rücken gekehrt; und als ich pfiff, änderte er die Richtung und flitzte auf uns zu. Ich ging in die Knie und rief ihn heran, und er rannte. So schnell, daß er fast ein Beifußhuhn überrannte, bevor es aufflog.

Jake und ich wurden munter. Der große Vogel arbeitete sich in die Luft und nahm Kurs auf die Bergkämme. Spud war auf wundersame Weise zum Stehen gekommen und hatte sich wieder in der Gewalt, als ob er wußte, daß er das Huhn hätte aufstöbern und vorstehen müssen und daß es ein echter Fehler gewesen war, es aufzuscheuchen. Er stand mit angespanntem Körper, aufgerichtetem Schwanz, erhobenem Kopf und vom Jagdfieber glänzenden Augen da. Er beobachtete den entschwindenden Vogel, blickte zu mir zurück, wieder dem Vogel nach, dann rannte er schneller davon, als ich ihn jemals habe laufen sehen. So raste er in den ganzen Schwarm Beifußhühner. Sechs große Männchen schwirrten vor ihm hoch, und er änderte seinen Kurs, um ihnen zu folgen. Dann flog eine andere Gruppe zu seiner Rechten auf, und er folgte ihnen. Im nächsten Augenblick erhob sich fast der ganze Berghang und flog auf und davon. Wir waren auf den weiblichen Leitvogel gestoßen: Ein paar hundert Beifußhühner trommelten in die Luft. Weil Spud nicht vorgestanden hatte, schoß ich nicht. Ich stand und beobachtete meinen Vogelhund. Er war unermüdlich. Er wollte sie alle fangen.

Einen Augenblick lang dachte ich daran, ihn zurückzurufen; aber die Hühner machten zu viel Lärm,

Sehr geehrte Leserin,
sehr geehrter Leser,

mit dem Kauf dieses Buches haben Sie
Interesse an unserem Programm gezeigt.
Wir möchten Sie daher gerne in eine Kartei
von Interessenten aufnehmen, die bevorzugt
über unser Programmangebot informiert
werden.

Bitte senden Sie uns diese Karte zurück.

Selbstverständlich gibt Ihnen auch Ihr
Buchhändler gerne Auskunft über unser
Programm.

Übrigens: Einmal im Jahr verlosen wir unter den Einsendern dieser Karte
folgende Preise:
1. Preis: Bücher aus unserem Programm im Wert von DM 400,–

Ich interessiere mich
besonders für:

☐ Literatur (LT)

☐ Sachbücher (SH)

☐ Psychologie/Psychoanalyse
Psychotherapie/Pädagogik
(HU)

☐ Geschichte/Politik (GE)

☐ Kultur und Gesellschaft (KG)

☐ Philosophie (PL)

Ich interessiere mich für Ihr
Programm aus:

☐ privaten,

☐ beruflichen Gründen.

002 727

Antwort

Klett-Cotta
Abteilung Vertrieb
Postfach 8 09

7000 Stuttgart 10

Absender

Name: _____

Straße: _____

PLZ/Ort: _____

Ich wurde auf dieses Buch aufmerksam durch:

_____

_____

ISBN 3-608-93156-2

_____

Mit Rücksendung dieser Karte erkläre ich mich damit
einverstanden, daß ich in Ihre Informationskartei

und er würde wohl kaum auf mich hören. Jake, den die Aussicht erregt hatte, daß er mir ein totes Huhn bringen konnte, setzte sich nieder. Er beobachtete, wie Spud in diese oder jene Richtung stürmte, in die Luft sprang und kehrtmachte. Schließlich verschwand Spud, einem Schwarm von zwanzig Beifußhühnern nachsetzend, über dem Hügel. Als Spud und all die Hühner außer Sicht waren, sah Jake zu mir hoch. Er atmete laut aus, legte sich nieder und wartete.

Wir warteten fast eine Stunde. Zweimal kam Spud zurück, nur um wieder ein Huhn aufzuscheuchen und ihm nachzuhetzen. Schließlich kam er, mit wunden Pfoten, fast auf den Boden hängender Zunge und vom vielen Herumwedeln an den Sträuchern blutenden Schwanz, und legte sich neben Jake. Jake stand auf und suchte sich einen anderen Platz. Ich sah auf Spud nieder. Es war ja gar nicht so schlimm. Spud hatte wieder einmal unter Beweis gestellt, daß er etwas hatte, was man einem Hund nicht beibringen kann. Er hatte Mut, er war ein Jäger. Es wäre ungleich schlimmer gewesen, wenn ihn Vögel überhaupt nicht interessiert hätten. Ich beugte mich nieder und streichelte ihm den Kopf. Aus dem Augenwinkel heraus sah ich, wie Jake uns beobachtete. Er wandte sich ab, als widere ihn das alles an. Ich hörte ihn wieder ausatmen, dieses Mal überlaut.

Niemand aß Huhn an diesem Abend. Erney war Spuds größte Stütze und sagte wieder und wieder, daß das, was heute geschehen war, »gar nicht schlecht für den ersten Tag eines jungen Hundes« sei. Er streichelte den erschöpften Hund. Und später, als ich mit einer Ladung Feuerholz zurückkam, sah ich, wie sich Spud auf Erneys Schoß zusammengerollt hatte, der unter dem Licht der Lampe ein Buch las.

* * *

An den nächsten drei Tagen stieß Dolly aus immer größerer Entfernung auf das Federspiel zu. Schließlich wurde die lange Leine hinderlich und verfing sich in den Grashalmen. Am fünften Tag flog Dolly frei. Zum ersten Mal, seit der Adler ihre Brüder und Schwestern getötet hatte.

An diesem Morgen hatte ich sie aufgeblockt und ihr ein Bad bereitet. Als wir frühstückten, badete Dolly in ihrem Wännchen. Sie plusterte sich auf, tauchte ihr Gefieder ein, steckte den Kopf ins Naß und bewegte sich auf dem Wasser so sacht, als ob sie sich auf Eiern niederließ. Sie fühlte sich offenkundig wohl. Ihre Gelöstheit machte mich ganz sicher, daß sie für den Wildflug bereit war. So nahm ich sie kurz vor Mittag, nachdem sie sich in der Sonne getrocknet und geputzt hatte, auf meine Faust und verhaubte sie. Alles lief genauso ab wie in den letzten Tagen, außer daß ich heute statt der Leine einen winzigen Sender an ihrem Bein befestigte.

Die Hunde kamen in den Wagen, nicht weil Dolly sich vor ihnen fürchtete, sondern weil beim ersten Flug – mehr noch als bei den folgenden – der Grundsatz gilt, daß alles, was schiefgehen könnte, auch schiefgeht.

Erney brachte den Empfänger und kontrollierte den Sender, dann lehnte er sich gegen die Haube des Pickups und wartete, ob er mir helfen konnte. In den letzten

Tagen war Dolly schon von ihrem Sitz abgesprungen, bevor ich das Federspiel aus der Falknertasche genommen hatte. Das war ein gutes Zeichen. Denn so flog sie schon aus der Luft auf das Federspiel zu, was demnächst von ihr erwartet wurde. Beim Federspiel-Training gibt es mehrere Stufen. Zuerst mußte sie vom Block auf das Spiel zufliegen, dann aus dem Flug heraus. Danach sollte sie in der Luft umdrehen und auf das Federspiel zukommen. Das letzte Stadium war erreicht, wenn sie sich durch die Attrappe zurücklokken ließ, während sie Wild jagte. Die ersten beiden Stufen hatten wir schon erreicht. Heute würde ich sie an mir vorbeifliegen lassen und sie zurückrufen. Es war durchaus vorstellbar, daß sie direkt an mir vorüberzog, an Höhe gewann, schneller und schneller wurde, bis sie zu guter Letzt einfach verschwand. Wenn man vor dem ersten Flug eines Falkens solche Bilder im Kopf hat, erfindet man alle möglichen Ausreden, um den Flug zu verschieben: Der Wind sei zu stark, meint man, die Sonne zu grell oder der Falke nicht hungrig genug. Ich erwog all diese Gründe, um den ersten Flug hinauszuschieben; doch als ich jetzt mit Dolly zum Block ging, machte ich mir klar, daß wir hier waren, um sie frei fliegen zu lassen. Sonst war Falknerei einfach Vogelhaltung. Wanderfalken fliegen frei, dachte ich: Vögel, die jahrelang auf Blöcken oder in Käfigen sitzen, waren etwas ganz anderes.

Wie üblich löste ich die Bänder, die Dollys Haube hielten, mit der rechten Hand und den Zähnen, dann nahm ich ihr die Kappe ab und hängte sie an die Falknertasche. Danach stellte ich Dolly auf den Block, und sie war frei. Ich ging weg und behielt sie im Auge, um zu sehen, ob sie fliegen würde, bevor ich sie rief. Als ich ein paar Meter gegangen war, hob sie ab. Als ob sie wußte, daß sie nicht mehr an die Erde gebunden war. Sie erhob sich mit zwei Flügelschlägen und zog an mir in Augenhöhe vorbei. Plötzlich spürte ich, wie sehr ich inzwischen an ihr hing, und hätte sie am liebsten mit dem Federspiel heruntergelockt. Statt dessen wartete ich. Im Vorbeiziehen beobachtete sie mich, dann sah sie geradeaus und erinnerte sich mit kräftigem Schwingenschlag an den Freiflug in den Bergen. Ich wartete, solang ich konnte, bis sie etwa zwanzig Meter weit geflogen war, dann nahm ich das Federspiel von der Tasche und schwang es über den Kopf. Ich pfiff durchdringend. Obwohl sie immer weiter flog, sah sie zurück und drehte in der Luft. Ich ließ das Federspiel zu Boden fallen, das sich noch bewegte, als sie im Gleitflug herabsegelte.

Sie kröpfte an dem Spiel, als wäre nichts Besonderes geschehen. Das kurze Büffelgras verdeckte das Federspiel, und sie sah genauso wie ein wilder Wanderfalke aus, der sich an einer frischen Beute labt. Der Unterschied war nur, daß ich neben ihr im Gras kniete. Sie beachtete mich nicht und ließ sich das Geschüh anlegen, als ob ich gar nicht existierte. Als wir zurück ins Lager gingen, lächelte Erney. Wir sagten nicht viel, während Dolly ihre Mahlzeit auf meiner Faust beendete, dachten aber beide, daß es Zeit wurde, ein paar Ententeiche zu finden. Wir wußten, daß Dolly in einigen Tagen bereit sein würde, bereit für ihre Wanderung, ihr wahres Leben.

Am Nachmittag zog Erney mit einer Schrotflinte und den beiden Hunden los, und ich ging auf Entensuche. Die Hochebenen sind Brutplätze für Hunderttausende von Enten. Die verbliebenen natürlichen Feuchtgebiete und die Zuchtteiche, die die Farmer angelegt haben, beherbergen Standvögelfamilien der Stockenten, Krickenten, Schnatterenten, Spießenten, Pfeifenten, Löffelenten, Rotkopfenten, Bergenten und sogar ein paar Riesentafelenten. Wenn die Altvögel zu Beginn des Frühlings ankommen, haben sich einige schon gepaart und fangen kurz nach der Eisschmelze zu brüten an. Im frühen Sommer sitzen die Weibchen auf den Eiern, die im Präriegras gut versteckt sind, und die Erpel scharen sich auf Junggesellenteichen zusammen. Im Frühjahr gibt es auf fast jedem Teich Enten. Doch im Juni geschieht etwas Seltsames. Plötzlich verschwinden die Enten oder scheinen verschwunden zu sein. In Wirklichkeit sind sie noch da, müssen sich aber jetzt zu ihrem Schutz verstecken. Die Enten haben sich gemausert und sind flugunfähig geworden. Sie haben ihr leuchtendes Brutgefieder abgeworfen und müssen sich darauf konzentrieren, den Sommer zu überleben. Die Erpel gleiten fast lautlos ins Wasser und wieder heraus und verbringen die meiste Zeit im Gras am Ufer der Teiche. Die weiblichen Enten verhalten sich noch diskreter, weil sie die Eier ausbrüten. Nachdem die Küken ausgeschlüpft sind, haben sie nur eine einzige Überlebenschance: unentdeckt zu bleiben.

Erst im September sieht man die Enten wieder. Wenn die Nächte kalt werden und der Herbst vor der Tür steht, erscheinen sie in großen Mengen. Ungefähr um diese Zeit zieht es die nördlichen Enten vor dem schlechten Wetter nach Süden, und die Feuchtgebiete der Plateaus dienen ihnen als Sammelplatz für die Wanderungen, die jetzt beginnen. So stieß ich auch gleich auf Enten, als ich an diesem ersten Nachmittag loszog. Doch ich suchte bestimmte Arten von Enten auf bestimmten Teichen. Ich hielt nach Enten Ausschau, die eine geeignete erste Beute für Dolly abgeben konnten.

Enten sind das natürliche Jagdwild der Wanderfalken. Obwohl diese Falken kleinere Vögel bevorzugen, haben sie immer auch Enten gejagt. Viele Jahre lang nannte man sie Entenbussarde. Doch nicht alle Enten sind gleich. Eine Krickente wiegt etwa 340 Gramm (wie eine Taube), während die größten Arten – Riesentafelenten, Stockenten und Gänsesäger – ungefähr drei Pfund schwer werden, ein gutes Pfund mehr als Dolly. Ein erfolgloser Kampf mit einem Stockenterich könnte einem Wanderfalken bis auf weiteres die Lust am Jagen nehmen. Ein wilder Falke würde sich am Anfang höchst wahrscheinlich an einer kleinen Ente versuchen und es erst später mit einer Stockente aufnehmen. Um Dollys erste Jagd zu einem Erfolg werden zu lassen, mußte ich die Größe der Beute, die Feuchtigkeit, Windrichtung, Windgeschwindigkeit und alle Hindernisse, gegen die ein übereifriger junger Falke stoßen konnte, berücksichtigen.

Ich fuhr an mehreren Teichen mit Stockenten vorbei. Auf einem Teich befanden sich Krickenten; aber ein Telefondraht, eine Gefahr für alle Falken, erstreckte sich über die dem Wind abgewandte Seite. In der Ferne sah ich mehrere Teiche und stieg aus, um sie mit meinem Feldstecher gründlich abzusuchen. Auf einem kleinen Tümpel schwamm eine Gruppe Pfeifenten; doch mitten unter ihnen befanden sich auch Spießenten, die Dolly vielleicht jagen würde. Nichts schien ganz passend, bis ich an eine tiefergelegene Stelle kam, wo der Regen die Straße stark aufgeweicht hatte, so daß sie wegen der tiefen, hart gewordenen Furchen fast unpassierbar war. Im Fahren übersah ich beinah das Gewässer, das sich südwärts der Straße hinzog. Aus dem Augenwinkel nahm ich drei Krickenten wahr. Alles schien klar. Das Problem war nur, daß Dolly erst in ein paar Tagen soweit sein würde und der Teich bis dahin austrocknen und die Enten davonziehen konnten.

Ich mußte einfach abwarten. Ich nahm den längeren Weg zum Lager, weil ich nicht umdrehen und die Krickenten womöglich erschrecken wollte. Auf dem Weg rannte eine Herde Antilopen wie verrückt neben mir her. Sie wollten die Straße überqueren und meinten aus irgendeinem Grund, nicht warten zu können, bis ich vorbeigefahren war. Sie rannten, um mich zu überholen. Schließlich hielt ich an, weil ich bei einem so lächerlichen Wettstreit nicht mitmachen wollte, und ließ sie vor meinem Wagen über die Straße. Ich zählte zweiunddreißig Tiere, alles Kühe und ihre Jungen. Die letzte in der Reihe war eine alte, dürre Kuh. Sie hatte sich am Bein verletzt und blieb weit zurück. Und dennoch rannte sie, so gut sie eben konnte. Sie würde den kommenden Winter nicht überstehen, und es ging mir nah, wie sie mich mit panischer Angst ansah, als könnte ich den Motor des Pick-ups hochjagen und sie kaltblütig überfahren.

Das Bild der alten Kuh verfolgte mich den ganzen

Weg zum Lager zurück; aber als ich Erney mit einem Messer über unseren kleinen Tisch gebeugt sah, vergaß ich die Antilope. Er hörte mich und wandte sich mit breitem Lachen um. Dann packte er das Beifußhuhn, das er gerade rupfte, als ich den Wagen zum Stehen brachte. Es war ein großes Männchen, sechs Pfund wenigstens, und Erney hielt es stolz hoch. Er zeigte auf das Huhn, dann auf die Erde. Wieder und wieder zeigte er grinsend auf das Huhn und dann zu Boden. Erst als ich aus dem Pick-up stieg, bemerkte ich, daß er nicht zur Erde deutete, sondern auf Spud, der zu Erneys Füßen lag. Spud trug den Kopf hoch und sah königlich und stolz aus.

Wie es sich herausstellte, hatte Spud nur ein paar Sekunden vorgestanden. Aber da wir beschlossen hatten, nur zu schießen, wenn vorgestanden wird, und da dies, so wurde mir versichert, Vorstehen gewesen war, erlegte Erney das Huhn. Und dann geschah, so Erney, etwas Seltsames. Jake, der neunzig Pfund wog, sprang vorwärts. Endlich etwas Totes zum Apportieren. Doch weil Spud genau hinter dem Vogel war, als er niederfiel, war er zuerst da. Es war der erste Vogel, dem Spud jemals nahe gekommen war, und ein großer dazu. Erney sagte, daß er das Huhn tödlich getroffen hatte, und Spud, der zweifellos nicht ganz begriff, daß der Vogel erschossen worden war, glaubte, er hätte endlich einen gefangen. Mit Spitzengeschwindigkeit stürzte er auf das leblose Huhn zu. Das Resultat war ein schrecklicher Schiffbruch; Sagebrush und Staub wirbelten durch die Luft. Anscheinend überschlug sich Spud zweimal; doch als sich der Staub verzogen hatte, kam der zweiundvierzig Pfund schwere Spud mit dem sechs Pfund schweren Vogel im Maul auf die Beine und stand dem neunzig Pfund schweren Jake gegenüber. Erney sagte, er habe Spud zum ersten Mal knurren hören. »War das ein komisches Geräusch«, sagte er, »ziemlich hoch und durch all den Staub und die Federn verzerrt.«

Wahrscheinlich war es gut, daß Erney gleich zur Stelle war. Wenn Jake einmal auszieht, um etwas zu apportieren, kehrt er nicht gern ohne Beute zurück. Wenn Spud entschlossen war, an dem Huhn festzuhalten, hätte Jake vielleicht alle beide zurückgebracht. Aber Erney war da und schmeichelte Spud sein Huhn ab. »Dann hörte er auf zu jagen«, sagte Erney. »Ging immer hinter mir her und knurrte jedesmal, wenn der gute Jake in die Nähe kam.« Ich schaute mich um und sah, daß Jake ein paar Meter weiter schlief. Er hatte das Ganze vergessen. Aber Spud lag genau unter dem Tisch, auf dem das Huhn gerupft wurde. Er war immer noch auf der Hut und bewachte sein Wild. Ich kniete nieder, um nach ihm zu sehen. Seine Augen waren dunkler, sein Kopf schien kantiger und sein Nacken etwas stämmiger als sonst, das schwöre ich.

Vielleicht lag es an der frischen Luft und Bewegung; doch seit Tagen dachte ich unaufhörlich ans Essen. Nach ein paar Tagen im Lager hörten wir nicht mehr Radio. Was in der Welt geschah, war nicht mehr wichtig. Es spielte keine Rolle. Aber das Essen. Ich sehnte mich nach dem dunkelroten Fleisch des Beifußhuhnes – den staubigen, wilden Früchten, die in den feuchten Senken wuchsen, mit ihrer bitteren Haut und ihrem süßen Fleisch – und sah mit anderen Augen auf den Maultierhirsch, der in den Sagebrush-Ebenen graste. Erney hatte es auch gepackt, und wie unsere Sammlervorfahren fing er an, Wiesenchampignons zu pflücken, die an den wenigen feuchten Plätzen der Prärie wuchsen.

An diesem Abend aßen wir Huhn – dicke Scheiben Brustfleisch, halb durchgebraten, mit Zwiebeln, Bratkartoffeln, Pfeffer und den Pilzen, die wir gefunden hatten. Wir aßen alles auf, was wir gekocht hatten, und kauten auf den Beinen noch im Bett herum. Wir beobachteten die Sterne, und ich erzählte Erney von den Krickenten, die ich entdeckt hatte. Keiner sprach es aus, aber wir dachten wohl beide dasselbe. Mit ein wenig Glück würden wir bald Entenbraten essen. Das frische Fleisch hatte uns Appetit auf mehr gemacht.

* * *

Die Jagd hatte begonnen. Wie José Ortega y Gasset in seinen Meditationen über die Jagd sagt, waren wir jetzt mehr als nur Zuschauer der Natur. Wir waren ein Teil von ihr; körperlich und geistig fanden wir zu unseren Ursprüngen zurück. Eine Frau an der Laguna Madres hat mir einmal gesagt, daß es beim Jagen nicht um das Überlisten oder Überwältigen der Tiere geht. Sie lachte über die Vorstellung, daß der Mensch immerzu Tiere töten könnte, die nicht sterben wollten. »Liebe sie«, sagte sie. »Zeig ihnen, daß du sie achtest, und sie kommen und geben sich dir hin. Es kostet nicht viel«, sagte sie. »Ein kleines Ritual, um sie zu ehren.« Die Frau der Lagune war eine Hirschjägerin. Sie kam nie ohne Wild zurück; daher nahm ich das, was sie sagte, sehr ernst.

Das Wetter blieb schön; doch der Teich, auf dem ich die Krickenten entdeckt hatte, trocknete nicht aus. Jeden Tag ermutigte ich Dolly, ein wenig länger zu fliegen. Ihre Kraft und Geschicklichkeit nahmen zu. Sie fing an, das Federspiel in der Luft zu greifen und immer wieder darauf zuzustoßen, wenn ich es aus ihrer Reichweite zog. In den nächsten Tagen lernte sie das Allernotwendigste: zu fliegen und gleichzeitig sich bewegende Objekte zu greifen. Sie war erstaunlich flink, und bald konnte ich das Federspiel ihrem Zugriff kaum noch entziehen. Als sie zehn kräftige Stöße auf das sich bewegende Spiel machte, beschloß ich, daß sie sich nun an Krickenten versuchen konnte.

Es ist wichtig, den Falken sobald wie möglich Wild jagen zu lassen. Von Natur aus ziehen sie Vögel dem Federspiel vor; sie können sich aber so sehr an die Attrappe gewöhnen, daß sie Vögel nicht mehr als Beute erkennen und sie ignorieren. Ein Falkner träumt in diesem frühen Entwicklungsstadium eines Falken natürlich von klassischen Sturzflügen auf schwieriges Wild aus gewaltiger Höhe. Doch für einen Jungfalken ist Erfolg wichtiger, der ihm Selbstvertrauen gibt. Wenn der Falke frühzeitig leichte Jagdbeute erfolgreich schlägt und die Schwierigkeit der Flüge allmählich gesteigert wird, dann stellen sich die dramatischen Stöße wie von selbst ein. Doch man muß Schritt für Schritt vorgehen.

Der Tag, an dem Dolly zum ersten Mal Wild schlagen sollte, begann mit einem leuchtenden Sonnenaufgang. Der Himmel im Osten war blaßrot und golden gestreift, der Horizont von tief hängenden Schichtwolken gerippt. Der Sonnenaufgang war das

Ergebnis einer Front, die in der Nacht herangekommen war. Es war kalt, auf Dollys Badepfanne hatte sich Eis gebildet. Wir waren jetzt zehn Tage in unserem Camp und hatten den allmählichen Wetterumschlag gespürt. Bei unserer Ankunft hatte es geregnet, es war aber nicht kalt gewesen. Dann gab es eine Woche lang schönes Spätsommerwetter; doch jetzt war die Morgenluft beißend. Wir befanden uns in der zweiten Oktoberwoche. Wir hatten mehrere Hühner geschossen und gegessen und Dollys Speisezettel von den gewohnten heimischen Wachteln auf Teile der wilden Hühner umgestellt. Die nahrhafte Atzung und die kalte Luft machten sie lebhaft. Sie sah einsatzbereit aus.

Bevor wir aufbrachen, befestigten wir wie gewöhnlich den Sender an Dollys Bein. Ich bereitete das Federspiel vor, und Erney band die Hunde an, damit sie uns nicht folgen konnten.

Die Antilopenherde, die ich vor ein paar Tagen gesehen hatte, rannte neben uns her. Diesmal waren sie auf der anderen Seite des Wegs, wechselten aber, immer noch unzufrieden, auf die Seite, auf der ich sie ursprünglich erblickt hatte. Wir hielten an, als sie sich vor uns aufreihten. Die verletzte Kuh war immer noch dabei, vielleicht ein wenig weiter hinten, und schien wieder zu Tode erschrocken, als sie vor dem Pick-up herlief. Erney pflichtete mir bei, daß sie den Winter nicht überleben würde; und der plötzliche Gedanke an den Tod ernüchterte mich. Den ganzen Morgen über hatte sich im Norden eine Wolkenbank aufgetürmt. Es sah nach Schnee aus.

Ich brachte den Pick-up auf dem Hügel zum Stehen,

kurz bevor die Straße zu der tiefer gelegenen Stelle führte, wo ich die Krickenten gesehen hatte. Am Fenster auf der Fahrerseite befestigte ich ein Vergrößerungsglas. Auf den ersten Blick schien der kleine Teich leer zu sein, und ich war enttäuscht. Doch als ich gerade aufgeben wollte, schwamm eine Ente vom Ufer aus los. Es war eine Krickente, und eine Minute später waren auch die anderen beiden zu sehen. Die Situation war genauso, wie ich es erhofft hatte: drei Krickenten auf einem sehr kleinen Teich. Unser Plan war, Dolly ungefähr fünfzig Meter vom Teich entfernt freizulassen. Dann würde sie kreisen und auf das Federspiel warten, während wir, vom Damm verdeckt, zum Teich schlichen. Solange die Enten auf dem Wasser bleiben, sind sie vor Falken sicher. Falken schlagen ihre Beute am liebsten aus der Luft. Wir wollten warten, bis Dolly auf uns zuflog, immer noch nach dem Federspiel Ausschau haltend, und dann würden wir uns aufrichten und die Krickenten heben.

Nachdem ich den Pick-up abgestellt hatte, schnallte ich die Falknertasche an der Taille fest und nahm Dolly auf die Faust. Wir schlugen einen großen Bogen, um sicherzugehen, daß die Enten uns nicht sahen. Dann, durch den Erdwall geschützt, bewegten wir uns an den Teich heran. Der Boden in der Senke war weich, und unsere Stiefel waren schlammig, als wir die Stelle erreichten, wo Dolly starten sollte. Erney und ich sahen uns an. Erney zuckte mit den Achseln. »Auf geht's«, sagte er.

Als ich die Haube abnahm, sah Dolly auf die Wolkenbank im Norden, als ob sie genau wußte, was das bedeutete. Einige Sekunden lang starrte sie mit halbgeschlossenen Augen dahin und plusterte sich am ganzen Körper gewaltig auf. Dann legte sie ihre Federn wieder glatt an, und ihre Augen wurden voll und rund. Immer noch an meine Faust gekrallt, schlug sie dreimal sehr heftig mit den Schwingen. Dann spürte ich, wie ihr Griff nachließ. Beim nächsten Flügelschlag hob sie ab und mühte sich zielstrebig in den kalten Wind hinein, der aus den sich zusammenballenden Wolken zu kommen schien.

Sie flog dreißig Meter gegen den Wind, dann drehte sie, schwebte über uns und sah nach dem Federspiel. Ich machte keine Bewegung, um an die Falknertasche zu greifen. Während wir sie im Auge behielten, gingen Erney und ich weiter auf den Teich zu. Sie folgte uns und sah wieder nach dem Federspiel, dann drehte sie ab und flog direkt über den Teich. Ich konnte hören, wie die Krickenten quakten, als sie in Sicht kam. Sie sah auf sie aus einer Höhe von nur fünfzehn Metern herunter, dann steuerte sie wieder auf uns zu, als wir fast am Damm waren. Sie flog zurück gegen den Wind und drehte sich wieder um. Als sie mit dem Wind flog, standen wir auf und winkten den Enten. Sie schwirrten vom Wasser hoch, gerade als Dolly vorüberzog. Sie befanden sich in ihrer Flugbahn.

Es war nicht der Steilstoß aus ein paar hundert Metern Höhe, den man sich so sehr wünscht, und die Beute flog nicht sicher und hurtig, wie das ein Spitzschwanzhuhn wohl könnte; aber es klappte. Als die Krickenten aufflogen, änderte Dolly ihren Kurs und versuchte, die letzte in der Reihe zu fangen. Sie griff nicht kräftig genug zu; die Ente fiel auf die Erde am

Ufer des Teichs – wie ein Federspiel, das wir für Dolly zu Boden geschleudert hatten. Sie stieß anmutig herab und ließ sich auf der Krickente nieder, bevor diese ihr Gleichgewicht wiederfinden und ins Wasser zurückrennen konnte. Sie sah nur leicht überrascht aus, als die Ente zappelte. In Sekundenschnelle durchtrennte sie mit dem Schnabel das Genick der Beute, als ob sie das schon viele Male gemacht hätte.

Erney und ich standen in der Nähe und ließen sie ihren ersten Fang genießen; wir wollten, daß sie durch das, was sie getan hatte, ermutigt würde. »Komisch, daß sie es nicht mehr ins Wasser zurück geschafft hat«, sagte Erney. Ich pflichtete ihm bei. Es war zu leicht gewesen, wie Dolly die Ente am Boden überwältigt hatte.

Wir setzten uns zu ihr, während sie fraß. Sie hielt die Ente mit beiden Schwingen mit der Brust nach unten und zupfte die Federn aus dem Rücken. Die Federn trieben im frischen Wind dahin und häuften sich dann auf der Erde. Fröhlich riß Dolly die Federn heraus, bis sie an das dürftige Fleisch über dem knochigen Rücken der Ente kam. Sie löste das Fleisch ab und genoß sichtlich seine Wärme und Frische. Dann rollte sie den Vogel auf den Rücken und begann, die Brust zu rupfen. Da bemerkte Erney das gebrochene Bein der Krickente. »Kein Wunder, daß sie so langsam war«, sagte er. Ich nickte und blickte auf die Wolken im Norden. »Sie wäre auch nicht durch den Winter gekommen«, meinte Erney.

Sobald ich konnte, griff ich vorsichtig nach dem Kopf der Ente. Ich sah Dolly weiter beim Kröpfen zu, grub ein Loch in den Schlamm neben mir, legte den

Kopf hinein, bedeckte ihn und strich die Erde mit der bloßen Hand glatt.

In dieser Nacht fiel der erste Schnee. Die Temperatur war schon den ganzen Tag über gesunken, und bei Sonnenuntergang hatten wir einige Grad unter Null. Der Schnee setzte als kaum vernehmbares Pochen gegen die Segeltuchwände ein. Als ich in der Dunkelheit lag und die Geschehnisse dieses Tages vorüberziehen ließ, dachte ich, daß das leise Trommeln des Schnees das Geräusch von Mottenflügeln war. In dieser Nacht schien es nicht unmöglich, daß Motten, vielleicht alle Motten der Welt, versuchen würden, in das Zelt einzudringen.

Am nächsten Morgen, als ich meinen Kopf hinausstreckte, war die Welt weiß. Ich schloß die Klappe am Zelteingang, und als ich, in meiner Unterwäsche bibbernd, niederkniete, um das Feuer zu schüren, meinte ich, noch ein Geräusch zu hören. Es klang vertrauter und doch unheimlich und unwirklich an diesem neuen, weißen Morgen. Erney hörte es auch und drehte sich im Schlafsack herum, um zu lauschen. Das Geräusch kam vom Damm hinter dem Zelt. In der Nacht, während des ersten Winterschnees, waren die Gänse gekommen.

Den ganzen Morgen, während wir das Frühstück bereiteten und das Lager abbrachen, sangen sie ihr melancholisches Lied des Vogelzugs. Wir hielten die Hunde davon ab, zum Damm zu laufen und sie zu verjagen. Es hörte sich an, als wären Hunderte von ihnen auf dem Wasser, außer Sichtweite. Wir wollten sie nicht stören; aber als das Lager im Pick-up verstaut war, schlichen wir uns auf den Deich hinauf, um zu schauen.

Es waren Kanadagänse, die ersten, die wir nach Süden ziehen sahen und die uns bedeuteten, daß die Seen weiter im Norden zufroren. Sie schwammen auf dem Teich, standen auf dem schneebedeckten Damm und flogen kurze Strecken am Ufer entlang. Wir versteckten uns hinter einigen Weiden und beobachteten sie zwanzig Minuten lang. Wir fragten uns, von wo sie wohl kamen, wohin sie zogen und woher sie den Weg kannten. Allzu lang aber standen wir nicht da und grübelten. Es war kalt in dem Schnee, und wir mußten über unsere eigene Reise nachdenken.

* * *

Wir fuhren hundertfünfzig Kilometer nach Süden, überquerten den oberen Missouri und bemerkten, daß die Pappeln nun ihr leuchtendes Goldkleid trugen. Morgen schon würden die ersten Blätter fallen. Wie kleine, runde Boote würden sie auf dem Missouri schwimmen und nach St. Louis flitzen, bevor das Wasser gefror. Wir fuhren in das Judith-Becken und dann in das Einzugsgebiet des Musselshell-Flusses. Drei Tage lang streiften wir umher, bevor wir unser Lager auf dem Land von Merle und Gladys Busenbark aufschlugen.

Während wir unser Zelt aufbauten, stellten wir Dolly ins Freie. Als das Lager eingerichtet war und Dolly sich gebadet und geputzt hatte, fuhren wir zu den Busenbarks und zu Kent Carnie. Kent, Colonel im Ruhestand, kampierte mit seinem Wohnmobil jeden Herbst mehrere Wochen lang auf Merles Grund und Boden. Er machte hier Halt auf dem Weg nach Süden.

In seinem Wohnwagen trafen wir ihn nicht an, dafür aber am Küchentisch der Busenbarks, wo er eine heiße Zimtrolle nach der anderen aß, sobald Gladys sie aus dem Ofen zauberte.

Kent und Merle waren gute Freunde, wenn auch sehr verschieden. Kent stammte aus Kalifornien, hatte in Berkeley und Princeton studiert und war im Auftrag des militärischen Geheimdienstes durch die ganze Welt gereist. Obwohl Kents Hauptinteresse der Falknerei und ihrer Geschichte galt, war er außergewöhnlich belesen und kannte beinah jedes klassische Musikstück, das im Radio gespielt wurde. Merle dagegen hatte fast sein ganzes Leben mitten in Montana verbracht. Die Ranch hatte schon seinem Vater gehört, und die nächste Stadt mit einem Postamt war meilenweit entfernt und nur über Schotterstraßen zu erreichen. Merle war in vieler Hinsicht ein sehr einfacher Mann. Er hatte keine regelmäßige Schulbildung genossen und lebte bescheiden. Doch trotz seiner provinziellen Lebensweise hatten schon verschiedene amerikanische Magazine, darunter auch *Time*, über Merles Aktivitäten berichtet.

Fast überall in Amerika greifen landwirtschaftliche Methoden, die schnell Geld bringen, auf Kosten vernünftiger, langzeitorientierter Bewirtschaftung um sich. Gewöhnlich werden die langfristigen Auswirkungen ignoriert. Doch Merle und ein paar seiner Nachbarn weigerten sich, darüber hinwegzusehen, daß man die heimische Grasdecke unterpflügte, damit der Besitzer, in diesem Fall ein Geschäftsmann aus der Stadt, Weizen anpflanzen konnte, wodurch er bei der Bank kreditwürdiger wurde. Weizen wächst nicht gut in Merles County, und aus Weideland kann man nicht einfach durch Umpflügen Ackerland machen. Merle kannte dieses Land und wußte, daß die Erde weggeschwemmt und weggeweht würde, sobald die natürliche Decke untergepflügt war. Nachdem die Erosion ihr Werk getan hatte, pflegten die Schuldigen den Profit einzustreichen und weiterzuziehen, während Menschen wie Merle mit den Folgeschäden zurückblieben. Merle kämpfte gegen ein großes Landwirtschaftsprojekt eines Unternehmens, das in seiner County geplant war, und gewann. Mit dem Ergebnis, daß der Umwandlung des einheimischen Graslandes in dieser County Schranken gesetzt wurden. Bis heute gibt es in ganz Amerika nur zwei Counties mit solchen Bestimmungen.

Kent und Merle sprachen über das Land, während ich meine Zimtrollen aß und zuhörte. Der Tisch stand schief, weil der eine Teil des winzigen Raumes niedriger lag als der andere. Das Haus war klein und hatte Farbe nötig, und ich stellte es mir im Winter in Montana kalt und zugig vor. Merle sprach über die Kühe, die er in ein paar Tagen zusammentreiben wollte, um sie zu impfen. Die Kälber, die die Busenbarks jedes Jahr produzierten, stellten ihre einzige Geldquelle dar, ihr gesamtes Einkommen. Selbst in den besten Jahren könnte man Merle und seine Familie zu den Armen der Nation zählen. Während des Kampfes gegen die Zerstörung des heimischen Graslands hatte es sicherlich Augenblicke gegeben, wo Merle der Gedanke kam, daß er nur seinen Mund halten und sein eigenes Land umpflügen mußte, um in kurzer Zeit mehr Geld zu verdienen als mit seiner kleinen Kuhherde in zwanzig Jahren. Doch natürlich würde Merle so etwas nicht tun. Er nahm Kent das Versprechen ab, ihm beim Zusammentreiben des Viehs zu helfen, und sah dann auf die Uhr. »Zeit, die Falken fliegen zu lassen«, sagte er, und alle am Tisch lächelten.

In Gefangenschaft gezüchtet, war Kents Falke eine Kreuzung aus Wanderfalke und Gerfalke und ein alter Hase beim Jagen von Spitzschwanzhühnern. Diese Hühner sind eine klassische Beute der großen Falken und stellen deren Können auf die härteste Probe, weil sie schwer zu schlagen sind. Es gibt wahrscheinlich nur wenige ausgebildete Falken, die mehr Spitzschwanzhühner getötet haben als Kents Vogel, Blue Bell, der nach den zarten, hellblauen Prärieblumen genannt wurde, die man überall in den nördlichen Ebenen findet. Doch Blue Bell ist alles andere als zart, sondern ein großer, dunkler, kräftiger Falke, dessen Stoß heftig genug ist, um ein Huhn sofort zu töten.

Merle fragte, ob ich Dolly auf Spitzschwänze fliegen lassen wollte, und ich lehnte ab, weil sie noch nicht genug Übung für diese Hühner hatte. Er nickte und versprach Kent ein Huhn und uns eine Ente. Merle war so etwas wie ein Falkenkenner. Er hatte viele Falken fliegen sehen und kannte sie. Er kannte auch das Land. Am Rand einer Weide gab es eine Gruppe Spitzschwanzhühner, nicht weit von einem Teich entfernt, auf dem er gestern ein paar Stockenten gesehen hatte.

Kents Hund war ein bretonischer Spaniel namens Muffin, der fast zu alt für die Jagd war. Daher wollte ich schon Spuds Dienste anbieten. Glücklicherweise tat ich das aber nicht. Obgleich er sich gut geschlagen hatte, war es doch unrealistisch zu glauben, daß Spud die

Disziplin aufbringen konnte, die die Arbeit mit einem Jagdfalken erfordert. Ich lehnte mich gegen den Pick-up und beobachtete, wie Muffin sich in weiser, seinem Alter entsprechender Gangart in Richtung der Weide bewegte. Der Wind blies von vorn, und Muffin hob den Kopf und suchte, Witterung aufzunehmen. Kent jagte seit fast vierzig Jahren mit Falken. Er hatte die Gegenwart des Wilds schon tausendmal gespürt, aber immer noch war seine Erregung neu und unmittelbar.

Als Muffin den Kopf hob, wurde Kent munter. Der alte Hund rückte vor und prallte auf ein Spitzschwanzhuhn.

Alle stöhnten auf, aber Merle war nicht entmutigt. »Da sind noch mehr«, sagte er. »Wenigstens ein Dutzend in dieser Ecke. Ein schwerer Fehler ist es, den Falken steigen zu lassen, wenn sich unten kein Wild befindet. Falken müssen sicher sein, daß sie Beute schlagen können, wenn sie über dem Falkner aufsteigen und anwarten. Kent sah Merle an, dann wandte er sich wieder Muffin zu. Der Hund zeigte noch Jagdfieber, und Kent beschloß, einen Versuch zu wagen. Bevor er Blue Bell die Haube abnahm, schleuderte er Muffin sein bestes militärisches »Halt« entgegen das selbst den stursten Leuteschinder in Schach gehalten hätte – damit der Hund nicht zu früh loszog. Muffin bewegte keinen Muskel.

Blue Bell hob von der Faust ab und kreiste einmal, bevor sie höher flog. Auch für sie hatte die Saison gerade begonnen, und ihre Bewegungen waren noch etwas steif. Aber sie kannte das Spiel und war bald fast hundert Meter hoch gestiegen. Kent murmelte vor sich hin, während wir darauf warteten, daß sie höher flog und die richtige Position erreichte. Muffin zitterte vor Aufregung.

Als Blue Bell ihren höchsten Punkt erreicht hatte, ging Kent vorwärts. Neben dem Hund blieb er stehen und sah über die Schulter nach Blue Bell. Als sie im leichten Gegenwind bis zu der Stelle flog, wo wir das Huhn vermuteten, wandte sich Kent um und machte sich ans Werk. Er schickte Muffin voraus, der wie ein Terrier hin und her hastete. Sie durchkämmten das Gras; aber kein Huhn schwirrte hoch. Es war zu spät, noch einmal neu zu beginnen, und ich konnte Kents Enttäuschung spüren, daß er Blue Bell kein Huhn präsentieren konnte. Merle, der einen Meter neben mir stand, sagte ruhig: »Sie sind da, geht weiter.« Er sagte es so leise, daß Kent es nicht verstehen konnte; doch genau in diesem Augenblick scheuchte Muffin die Spitzschwänze auf.

Ich beobachtete die Hühner und hatte elf von ihnen gezählt, als Blue Bell ihren Stoß abfing und das letzte einholte. Anscheinend war sie nicht in bester Position gewesen, als die Hühner hochschwirrten, und flog nicht schnell genug, um den Vogel heftig zu treffen. Trotzdem griff sie sich das letzte Huhn und schlug mit den Schwingen, um es zur Erde zu bringen.

Als wir zu ihr kamen, hatte Blue Bell dem Huhn das Genick gebrochen, stand auf ihm und zupfte elegant die Federn aus. Muffin saß glücklich in der Nähe, sonderte etwas Speichel ab und wartete auf seinen Anteil. Bald würde sich Kent langsam auf Blue Bell zubewegen und sie davon überzeugen, das Huhn mit seiner Faust zu vertauschen. Er war überglücklich und strahlte vor Stolz.

So verließen wir ihn und machten uns auf den Weg zum Teich, wo Merle die Stockenten gesehen hatte. Dolly hatte inzwischen schon mehrere Enten gefangen und konnte auch mit Stockenten umgehen. Weil ich vorhatte, sie im Süden von Texas freizulassen, sollte sie die Art von Erfahrungen sammeln, über die ein wilder Falke verfügte. Ich wollte mit ihr auf eine andere Art jagen, als man das üblicherweise mit ausgebildeten Falken tut. Schritt für Schritt wollte ich mich aus ihren Beutezügen heraushalten. Denn die Wahrheit ist, daß Falkner ihre Vögel vor der bitteren Realität der natürlichen Auslese schützen. In Dollys Fall mußte ich meinen Beschützerinstinkt auf ein Minimum reduzieren, wenn sie ohne mich überhaupt eine Chance haben sollte. Ich mußte Dolly und mich gleichzeitig entwöhnen.

Auf einem Teich von der Größe eines Fußballfeldes befanden sich sechs Stockenten. Je mehr Wasser die Enten zur Verfügung haben, desto größer ist die Wahrscheinlichkeit, daß sie auffliegen, wenn sich der Falke in schlechter Position befindet, und mit Leichtigkeit entkommen. Ein Falke muß schon gerissen sein und sehr hoch fliegen, um Enten von einem großen Gewässer abzufangen. Selbst wenn dieser Teich nicht riesig war, stellte er Dolly doch vor die größte Herausforderung ihres bisherigen Lebens. Aus einer Entfernung von fast einem Kilometer suchten wir den Teich mit unseren Feldstechern ab. Es war später Nachmittag, und es wehte ein schwacher Wind; und doch würden wir sicherlich einige Mühe haben, die Stockenten zur rechten Zeit zu heben. Schließlich faßten wir einen Plan. Jake und ich sollten sich dem Teich von der

Seite des Dammes aus nähern, der uns zugleich Deckung bot. Wir würden die Enten erst einmal aufscheuchen. Erney und Merle kämen dann von der gegenüberliegenden Seite und konnten sie davon abhalten, nach dem Auffliegen wieder zu landen.

Als ich die rückwärtige Klappe des Pick-ups öffnete, sprang Jake heraus, noch bevor ich ihm ein Zeichen gegeben hatte. Dies war sein Lieblingssport. Er wußte genau, was jetzt kommen würde. Wie ein ganz junger Hund sprang und hüpfte er umher, während Spud im Wagen bleiben mußte. Sobald wir loszogen, fing Spud zu heulen an. Es begann mit einer Art scharfem Bellen, das in jammervolle, hohe Töne überging, die sich minutenlang hinzuziehen schienen, bevor sie verklangen und von neuem anhoben. Spud paßte es offenbar gar nicht, daß wir ihn zurückließen; aber Jake, der bei Fuß ging, als ob er von einer unsichtbaren Leine gehalten würde, schien an der Situation Gefallen zu finden. Er zog die unsichtbare Leine straff, keuchte, als ob das Halsband ihm das Atmen erschwerte, und sah mit heraushängender Zunge und sabberndem Maul aus, als ob er lachte, wenn Spud besonders durchdringend heulte.

Normalerweise würden die Stockenten auffliegen, Dolly im Sturzflug herunterziehen, wieder auf dem Wasser landen und warten, bis sie zu niedrig flog, um sie zu fangen, und dann auf Nimmerwiedersehen verschwinden. Ich wollte sie gleich das erste Mal richtig heben, daher ließ ich Jake auf der einen Seite hinter dem Damm niedersitzen und ging zur anderen Seite. So konnten wir beide zugleich über den Damm kommen und die Stockenten eher zum Auffliegen bringen. Dies war der schwerste Teil für Jake. Flüsternd hatte ich ihm

»Sitz« geboten und mit dem Zeigefinger »Hierbleiben« aufs Maul gezeichnet. Er keuchte und zitterte vor Aufregung, als ich an meinen Platz ging. Er sah mir zu, als ich Dolly die Haube abnahm, und richtete sich auf, als sie flog. Finster blickend, drohte ich mit erhobener Hand und machte ein paar Schritte auf ihn zu. Er setzte sich wieder, beobachtete, wie Dolly an Höhe gewann, und zitterte noch mehr.

Ihre Flügelschläge waren in der letzten Woche viel kräftiger geworden. Sie schlug nicht mehr tief und langsam, sondern flach und schnell. Die Kraft in den Schwingen ließ sie Entfernungen viel schneller zurücklegen, als es den Anschein hatte. In den Tagen nach ihrer ersten Jagdbeute war sie bis zu einer Höhe von ein paar hundert Metern aufgestiegen und hatte dort gewartet, bis sie ihre Chance witterte. An diesem Abend flog sie höher als jemals zuvor. Wir warteten, bis sie direkt über uns stand, dann winkte ich Jake über den Damm.

Die Stockenten hoben sofort vom Wasser ab, als der neunzig Pfund schwere Hund in Sicht kam. Sie flogen, wie wir es vorgesehen hatten, über das Wasser und warteten darauf, daß der Falke niederstoßen würde, damit sie sicher zum Teich zurückkehren konnten. Dolly war noch nicht schlau genug, um mit dem Sturzflug erst dann zu beginnen, wenn sich die Vögel eine Blöße gegeben hatten. Sie stürzte sich auf die Enten, die sich aufs Wasser gerettet hätten, wenn Erney und Merle nicht an der anderen Seite des Teiches aufgetaucht wären.

Unsere Rechnung ging auf: Die Enten flogen weiter, hinaus über die Prärie, und gaben Dolly damit eine Chance. Sie legte die Schwingen an und fiel wie ein Stein.

Die Stockente, die sie sich aussuchte, war ein Erpel, ein leichtes Ziel für einen wilden Wanderfalken. Doch Dolly schlug ihn nicht mit der ganzen Kraft ihres Stoßes. Sie verfehlte ihn sogar. Sie steilte auf, als er sich drehte, um ihr zu entkommen, und erwartete, daß er aufgeben würde, so daß sie ihn am Boden überwältigen konnte, wenn er landete. Aber der Erpel gab nicht auf. Als die Kraft ihres Stoßes verbraucht war und sie wie ein echter Anfänger aufsteilte, zog der Erpel mit einer Geschwindigkeit ab, die Dolly noch nie zuvor erlebt hatte. Er flog in einem Winkel von fünfundvierzig Grad auf und davon; und es war Dolly, die aufgab.

Sie war sichtlich überrascht von dem Verhalten des Erpels. Ebenso davon, daß sie auf dem Federspiel nichts als ein paar Federn und einen Bissen Ente vorfand. Ungläubig riß sie an dem Spiel herum. Dann wurde sie wütend; doch kurz bevor ich ihr die Haube überstreifte, glättete sich ihr Gefieder, und ihre Augen verdunkelten sich in der Erkenntnis, daß die Mahlzeit davongeflogen war. Es war eine derb erteilte Lehre, aber eine, die zu ihrer Wirklichkeit gehörte. Als ich sie verhaubt hatte, ging die Sonne in Montana unter. Merle lächelte und schüttelte den Kopf. »So ist das nun einmal«, sagte er. »Wenn man hier draußen fressen will, muß man eben etwas fangen.« Er hatte vollkommen recht. Das war das oberste Gesetz des Überlebens. Doch als wir zum Pick-up zurückgingen, quälte mich das ungute Gefühl, daß ich mich arrogant und anmaßend verhielt. Wer war ich denn, um mich auf ein solch urzeitliches Gesetz zu berufen?

DIE PRÄRIE

Die Nächte wurden kalt. Eines Morgens fand ich eine zentimeterdicke Eisschicht auf Dollys Badewännchen. Es wurde Zeit, Montana zu verlassen. Doch bevor wir uns in Richtung Golf von Mexiko bewegten, wollten wir noch einen Abstecher machen. In der Stadt Winifred, Montana, lebten alte Freunde, die ich vor achtzehn Jahren kennengelernt hatte. Ralph Rodgers und seine Frau Missy waren aus dem Westen von Texas nach Winifred gezogen, weil sie sich dort ein besseres Leben erhofften und weil sie glaubten, daß ihre Kinder zu anderen Menschen würden, wenn sie inmitten der Ebenen und Berge Montanas aufwachsen könnten. Ich habe solche Ansichten von vielen Menschen gehört; aber Ralph und Missy Rodgers waren so ungefähr die einzigen, die sie in die Wirklichkeit umsetzten. Ralph hatte Biologie studiert und die Wahl gehabt, Lehrer für Naturwissenschaften zu werden oder das Leben der Seeottern zu beobachten und einen Doktorgrad zu erwerben. Nach reiflicher Überlegung hatten sie sich im Interesse ihrer Kinder entschieden, Lehrer zu werden. Ein paar Jahre, nachdem ich sie auf einer Fasanenjagd in den Weizenebenen im Osten von Colorado kennengelernt hatte, fanden sie Arbeit in einem winzigen, abgelegenen Schulbezirk in Zentralmontana und sind seitdem dort geblieben.

Außer der alten Freundschaft galt unser Besuch auch dem letzten Football-Spiel von Scott Rodgers an der High-School. In kleinen Städten wie Winifred spielte man ganz anders American Football als im übrigen Amerika, hatte man mir erzählt. Ralph, der der sportlichen Ausbildung an der High-School kritisch gegenüberstand, wenn sie auf Kosten der fachlichen ging, war aber auch ein stolzer Vater und aktives Mitglied der Gemeinde. Er bedrängte mich schon seit Jahren, einem Spiel beizuwohnen, und hatte mir im Frühherbst gesagt, daß dies meine letzte Chance sei, weil Scott kurz vor dem Abschluß der High-School stünde.

Wir kamen kurz nach Mittag an und fanden die High-School und den Football-Platz, ohne jemand fragen zu müssen. Es stellte sich heraus, daß das Haus der Familie Rodgers gleich gegenüber der Schule lag. Das Spiel mußte um halb Drei Uhr beginnen, weil der Platz kein Flutlicht hatte. Als wir den Wagen um ein Uhr hinter der Tribüne abstellten, wuselten schon ein Dutzend Leute herum. Die Luft war kühl, und im Nordwesten verhieß eine graue Wolkenbank Schnee. Doch der Himmel über dem Football-Feld in Winifred, Montana, war strahlend blau, und die Sonne schien hell. Ein idealer Tag für Football.

Die Tür des Hauses von Ralph und Missy Rodgers hat kein Schloß, und den ganzen Tag gehen hier Kinder aus und ein, als wäre das kleine Haus ein Teil der Schule. Ralphs Falke war an einem Ende des überdachten, wettergeschützten Hofes aufgeblockt, und ich stellte Dolly am anderen Ende auf. Erney und ich standen im Hof und sahen über den Zaun zum Football-Platz hinüber, als Ralph mit einem Sandwich in der Hand aus der Haustür trat. »Da seid ihr ja«, sagte er mit vollem Mund.

»Yeah. Wir dachten, du wärst in der Schule.«

»Ich gehe zum Essen nach Hause«, sagte Ralph. »Wollt ihr ein Sandwich?«

Erney und ich nickten und folgten Ralph ins Haus. Während Ralph redete, schnitten wir dicke Stücke Schinken und Cheddarkäse ab. »Missy übt mit der Blaskapelle. Sie ist Musiklehrerin. Die Kinder sollten gleich nach dem Lunch noch etwas rausgehen.« Ralph sah auf die Uhr. »Jetzt gleich. Das Spiel beginnt in anderthalb Stunden. Ganz großes Spiel«, sagte er. »Wir spielen gegen Roy.« Ich mußte eine Minute lang nachdenken. Roy, ja, da war doch das Ortsschild, das wir an der Kreuzung fünfzig Kilometer vor Winifred gesehen hatten. Ich erinnerte mich an eine Tankstelle; aber das war auch schon alles.

Ralph nahm drei Dosen Limonade aus dem Kühlschrank, gab Erney und mir eine und setzte sich an den Tisch. Er erzählte uns, daß Missy sehr viel zu tun hatte, daß ihre Tochter Andi der Star der unteren Klassen der High-School war und daß Scott sich an der Militärakademie beworben hatte. Er klagte ein wenig über das Board of Education und erzählte uns, daß er nach dem Spiel einen Lachs zubereiten wolle, den Scott von seinem Sommerjob aus Alaska mitgebracht hatte, wo er in den Ferien beim Fischfang gearbeitet hatte. Stolz präsentierte er den Fisch, wenigstens ein Zehnpfünder. Dann zeigte er uns die Zitronen und die Mandeln, die er mitschmoren wollte.

Als wir hinüber zum Spiel gingen, fuchtelte Missy mit einem Dirigentenstab vor sechs oder acht Kindern unterschiedlichen Alters mit diversen Blasinstrumenten in der Luft herum. Freudig begrüßte sie uns mit ihrer tiefen Stimme und ihrem Texas-Akzent. Als sie sich uns zuwandte, um mit uns zu sprechen, und den Stab senkte, schleppte sich die Musik dahin. Als hätte die Bewegung des Stabes die Luft durch die Hörner geblasen. Sie drehte sich zur Band hin und machte mit dem Stock ein paar flotte Bewegungen. Die Musik gewann ihr Tempo wieder, und Missy blickte uns über die Schulter an. »Laßt uns später miteinander reden«, sagte sie.

Die Tribüne, die vierzig Menschen aufnehmen konnte, war voll besetzt. Am Spielfeldrand versammelten sich hagere Männer mit Cowboyhüten und Stiefeln. Ein halbes Dutzend Kinder saß oben auf dem Schulbus, und drei Hunde jagten hintereinander her. Auf dem Feld liefen sich die Spieler warm. Alles sah wie bei jedem anderen Football-Spiel einer High-School aus, wenn man nicht genauer hinsah. Dann nämlich schienen weder auf der Tribüne noch auf dem Feld genügend Leute zu sein. Zwölf zerlumpte Trikots mit der Aufschrift Winifred rannten am einen Ende des Feldes hin und her. Am anderen Ende liefen dreizehn Trikots mit der Aufschrift Roy. Obwohl das Feld nicht einmal hundert Meter lang war, wirkte der Raum zwischen den Spielern weit und leer.

»Es ist ein Spiel mit sehr lockeren Regeln«, sagte Ralph, als wir uns unter die stoppelgesichtigen Rancher am Rande mischten. »Man muß den Ball einmal abgespielt haben, bevor man losrennt«, sagte Ralph. Dann dachte er einen Moment lang nach. Er wiegte seine Kamera mit dem riesigen Objektiv in den Armen und sah gedankenschwer zu Boden. Darauf wandte er sich zu einem Mann um, der den schmierigen Overall eines Mechanikers trug. »Johnny«, fragte Ralph, »muß man abspielen, bevor man läuft oder danach?«

Der Mann schüttelte den Kopf. »Danach geht nicht. Muß vorher sein, aber Querpässe zählen auch.«

»Nein«, sagte ein Mann mit Cowboyhut. »Nur Vorwärtspässe zählen bei dieser Regel. Die Hauptsache ist, daß der Ball bei jedem Durchgang von zwei verschiedenen Spielern berührt wird.«

»Na klar«, sagte eine schwergewichtige Lady, »aber nur, wenn der Ball zwanzig Meter weit gekommen ist.«

Ralph führte uns weg. »Wie auch immer, das Spiel hat sehr lockere Regeln«, sagte er.

Weil sich die Grundschule und die High-School im selben Gebäude befinden, quoll die Tribüne und der Spielfeldrand vor kleinen Kindern über. Sie rannten hin und her, spielten Fangen und wurden ab und zu von Frauen mit Taschentüchern und Augen für laufende Nasen eingefangen. (Es schien egal zu sein, ob es die Mutter war oder nicht.) Die Kinder kreischten und jagten sich in ihren abgewetzten Jeans. Immer wieder liefen sie in ein Paar Erwachsenenarme hinein.

Doch als das Spiel begann, richtete sich alle Aufmerksamkeit auf das Feld. In meiner Jugend hatte ich diese Art von Football nicht erlebt. Man kannte nicht nur die Spieler seines Teams, sondern auch die der Gegenseite. Die Eltern versammelten sich am Rand, und ein guter Ball wurde von allen beklatscht. Erstaunlich war nur, woher sie wußten, welche Bälle gut waren.

Ralph hatte recht gehabt. Es war ein Spiel mit sehr lockeren Regeln. Im wesentlichen wanderte der Ball umher, und jeder rannte los, um einen Paß zu erwischen. Manchmal blieb ein Halfback dicht hinter dem Quarterback, und sie spielten sich die Bälle ein paarmal zu, bevor einer von ihnen einen »Ave-Maria«-Paß landete. Es gab Spielzüge, die ich nur vom Hörensagen kannte: Freiheitsstatue, Flohhüpfer, doppelte Kreuzquerpässe. Jeder rannte, und jeder hatte den Ball. Scott Rodgers spielte an der Flanke; aber das hielt ihn nicht davon ab, Bälle zu fangen. Gelegentlich setzte der Schiedsrichter Strafpunkte fest für zu wenig Querpässe und zu wenig Spieler im unteren Feld. Zweimal wurden beide Trainer in die Mitte des Feldes gerufen, damit sie die Regeln erläuterten. Einmal wurde der Mechaniker auf den Platz gebeten, um seine Meinung abzugeben. Und gegen Ende des letzten Viertels ging Ralph einfach aufs Feld mitten unter die Spieler und fotografierte Scott, als er gerade den Ball hielt. Er mußte sich beeilen, weil einer der Winifred-Spieler eine Chance witterte, geknipst zu werden, und sich genau vor ihm aufpflanzte. Niemand sagte etwas.

Das Ergebnis war 62 zu 47. Winifred hatte verloren, was aber keinen aufzuregen schien. Als wir darauf warteten, daß der Lachs fertig wurde, schien Scott froh zu sein, daß alles vorüber war. Die Niederlage machte ihm offenbar nichts aus. Statt über das Spiel zu grübeln, wie ich es in seinem Alter getan hätte, erzählte er von seinem Sommer in Alaska. Hier saß ein Siebzehnjähriger, der einen Job auf einem Fischkutter gefunden hatte, eine schwere Arbeit, die gewöhnlich von harten Männern getan wird. Ich hatte selbst in Alaska gearbeitet und wußte ungefähr, wie es auf solchen Booten zuging. Es muß ein richtiger Schock für Scott gewesen sein; aber es schien seiner Entwicklung gut getan zu haben. Wenn er auf eine der Militärakademien kam, dachte ich, dann könnte sich die Akademie glücklich schätzen.

Es war ein herrlicher Abend. Die Wolken, die im Nordwesten gehangen hatten, sorgten für einen schönen Sonnenuntergang; wir saßen im Garten, unterhielten uns und tranken Bier, während wir auf den Fisch warteten. Andi und Jake waren sofort Freunde geworden und spielten stundenlang mit einem Stock. Einmal verfielen Erney, Ralph und ich in minutenlanges Schweigen und beobachteten sie. Andi war ein glückliches Mädchen, das so gar keine Anzeichen künstlicher Blasiertheit zeigte, wie viele Mädchen in ihrem Alter. In ungetrübter Daseinsfreude warf sie den Stock für Jake, der hinter ihm herjagte und ihn mit ebensolcher Freude zurückbrachte. Dann kniete sich das schöne, junge Mädchen ins Gras und dankte dem Hund, der jetzt größer als sie war, dafür, daß er den Stock zurückgebracht hatte. Zärtlich umarmte sie ihn und sprach mit ihm, als ob er sie verstehen könnte. Und während wir ihnen zusahen, wurde mir klar, daß er das auch wirklich konnte. Andis Glaube bewirkte es.

Wir aßen den Lachs und tranken ein Bier nach dem anderen, bis Andi und Scott zu Bett gingen. Bevor Erney und ich unsere Schlafsäcke auf dem Boden ausrollten, setzten wir uns mit Ralph und Missy um den Küchentisch und hörten zu, wie sie über ihr Leben sprachen. Scott würde bald aus dem Haus gehen, Andi ein paar Jahre später. Was würden sie dann machen? Sie wußten es nicht. In gewissem Sinn hatten sie ihr Ziel erreicht. Missy lachte. »Uns wird schon etwas einfallen«, sagte sie. Dann sah sie Ralph an. »Vielleicht gehen wir noch einmal zur Schule. Ralph wollte immer seinen Doktor machen.« Ralph guckte erst verlegen, dann wehmütig.

»Ich hatte die Möglichkeit«, sagte er. »Seeottern. Ich hätte das Leben der Seeottern studieren können.«

Missy legte ihm die Hand auf den Arm. »Mal sehen«, sagte sie. »Vielleicht haben ja die alten Seeottern noch Verwendung für dich.« Er nickte, und sie sahen sich auf eine Weise an, die mich neidisch machte.

* * *

Die Wolkenbank begleitete uns auf dem Weg nach Süden. Wir hielten an einem Teich nördlich von Billings mitten unter Beifußsträuchern an, und Dolly fing aus einem Schwarm von zwanzig Vögeln eine Schnatterente. Während sie die Ente fraß, ging Erney mit Spud und einer Schrotflinte los und erlegte ein Beifußhuhn. Er fand auch wieder Wiesenchampignons. Wir verstauten das Huhn, die Pilze und das, was von der Ente übrig war, hinter dem Sitz des Pickups und fuhren nach Osten zu meiner Ranch in South Dakota. Da zerplatzten die ersten Schneeflocken auf der Windschutzscheibe.

Bevor wir die Grenze von South Dakota erreichten, hatten der Schneefall und der Wind zugenommen. Die Verwehungen wurden ständig schlimmer, und mein Pick-up rutschte und drehte sich, bis wir nicht mehr weiter konnten. Die Interstate war zu. Wir mußten die Nacht in Sundance, Wyoming, verbringen. Schon einmal hatte mich der Schnee in Sundance festgehalten. Während Erney mit klammen Fingern mit den Motelschlüsseln herummachte und ich mit unserem Gepäck hinter ihm stand, ließ mich die

Erinnerung an jenen Tag stärker frösteln als der Schneesturm, der mich umtoste.

Ich hatte ein paar Monate für den Peregrine Fund im Umkreis von Fort Collins, Colorado, gearbeitet; und als ich fertig war, wollte ich schnell nach Hause nach South Dakota kommen. Mein Transportmittel war meine alte, einmotorige Cessna 170; und obwohl das Wetter in Fort Collins gut war, erhielt ich vom Federal Flight Service die Information, daß um die Black Hills herum ein Schneesturm tobte und es schwierig werden würde, die Ranch zu erreichen. Ich wartete zwei Tage, badete in herrlichem Sonnenschein in Colorado und fand es immer unglaublicher, daß es in North und South Dakota Schneestürme geben sollte. Schließlich versuchte ich es natürlich.

Der blaue Himmel hielt sich den ganzen Weg bis nach Cheyenne, Torrington und Lusk. Doch nördlich von Newcastle hing eine Wolkenbank, genau wie der Flugdienst gesagt hatte. Ich hätte in Newcastle landen, per Anhalter in die Stadt fahren, eine Mahlzeit und ein paar Biere zu mir nehmen und ins Bett kriechen sollen. Zwölf Stunden, höchstens einen Tag später wäre der Schnee ostwärts gezogen, und ich hätte über die Black Hills fliegen und ohne das geringste Risiko auf meiner Ranch landen können. Doch als ich auf Newcastle zuflog, sah ich einen hellen Fleck in der nordwestlichen Wolkenbank und dachte, daß ich dem Highway folgen und feststellen könnte, ob jene lichte Stelle vielleicht ein Durchkommen versprach.

Die ganze Zeit über flog ich etwa 2500 Meter hoch und mußte jetzt schnell tiefergehen, um unter den Wolken hindurchzugleiten, die über der Straße nach

Moorcroft hingen. Hier und da gab es Schneeschauer; doch immer wenn ich aufgeben wollte, zeigte sich eine Öffnung, und ich stürzte darauf zu wie Spud, wenn er auf einen Muttervogel hereinfällt, der einen gebrochenen Flügel markiert. Als ich Moorcroft erreichte und die Interstate 90 fand, die nach Sundance und zu meiner Ranch führt, stieß ich auf Wolken, die bis zur Erde reichten. Ab und zu mußte ich durch sie hindurch, und sie klatschten gegen die Cockpitscheibe und die Tragflächen und hüllten alles in eine dünne Eisschicht. Vereisung, die nicht nur die Sicht nimmt und die Tragflächen beschädigt, sondern das Flugzeug in Sekundenschnelle um viele hundert Pfund schwerer macht, ist das Schlimmste, was einer kleinen Maschine passieren kann. Es brauchte nicht viel Eis, um eine alte Cessna 170 herunterzudrücken, die Steuerung durcheinanderzubringen und ihre Aerodynamik zu zerstören, so daß sie nicht mehr fliegen konnte.

Als sich das erste Mal Eis auf der Frontscheibe bildete, bekam ich einen riesigen Schrecken. Doch dann lichteten sich die Wolken wieder, und das Eis fiel ab. Da war ich nur noch ein paar Kilometer von Sundance entfernt, einer Stadt, die in einem Paß durch die nördlichen Black Hills liegt. Wenn ich die östliche Seite von Sundance erreichte, wo das Gelände in Richtung Heimat abfiel, konnte ich die Maschine wahrscheinlich aus dem Schnee und Eis herabfallen lassen. Außerdem gab es in Sundance einen kleinen Flugplatz, auf dem ich, wenn nötig, landen konnte. Wieder stieß ich auf eine Schneewand und kam auf der anderen Seite mit noch mehr Eis heraus. Wieder fiel es ab, und ich konnte dreißig Meter unter mir die ersten Gebäude der Stadt sehen. Aber es schneite heftig, und ich verpaßte die Landebahn. Ich glaubte immer noch, daß ich es nach Hause schaffen könnte, wenn ich den höchsten Punkt im Osten von Sundance hinter mich gebracht hätte. Der Gipfel war nur noch einen halben Kilometer weit weg, als der Himmel vollkommen weiß wurde und ein Eistuch die vordere Scheibe verhüllte. Ich hatte keine Wahl. Ich brachte das Flugzeug in Schräglage und ging in der Hoffnung nieder, daß mich ein Fall von etwa zwanzig Metern aus den Wolken, aber nicht zu nah an die elektrischen Drähte, die am Highway entlangliefen, bringen würde.

Vor Angst erstarrt, flog ich nur noch reflexartig und sagte mir ständig, wie dumm es von mir war, diese alte Klapperkiste gegen einen Schneesturm ins Feld zu schicken. Immer tiefer sinkend, nur noch von Weiß umgeben, murmelte ich: »Jesus, das war's.« Und dann: »Es tut mir leid.«

Da plötzlich tauchte unter meinem Seitenfenster eine dunkle Linie auf, und ich erkannte den langen Giebel des Hangars des kleinen Flugplatzes. Ich zog die Cessna 170 hinüber und fuhr drei Stufen der Landeklappen aus. Dann machte ich ein Kreuz über dem Steuer und ließ uns fallen, so gut es eben ging. Wir fielen durch die Wolke und tauchten etwa acht Meter über einem schneeweißen Feld wieder auf. Es war die Landebahn von Sundance, die auf mich einen guten Eindruck machte, obwohl sie unter einer dreißig Zentimeter dicken Schneedecke lag. Ich drosselte den Motor und ließ die Maschine einlaufen, wobei ich den Bug, solang ich konnte, aus dem Schnee heraushielt.

Ein alter Mann hatte mich über der Stadt anfliegen

gehört und pflügte in seinem Pick-up mit Allradantrieb hinter mir her. Das Haupttriebwerk des Flugzeugs war in einer Schneewehe steckengeblieben, als er mich einholte. Er fuhr an der Seite entlang und spähte in das Flugzeug, als ob ich ein Außerirdischer wäre. Ich lächelte und versuchte, den Anschein zu erwecken, als ob ich so etwas jeden Tag machen würde. Doch wenn der alte Mann nicht da gewesen wäre, wäre ich hinausgesprungen und hätte den schneebedeckten Boden geküßt.

Erney und ich saßen in demselben Motel fest, in das mich der alte Mann gebracht hatte, als ich mit meiner Cessna in Sundance notgelandet war. Meine Ranch lag gleich hinter dem Hügel, vielleicht sechzig Kilometer entfernt; aber in Anbetracht des ersten Schneesturms dieses Jahres, der dort draußen tobte, hätten es auch tausend sein können. Zum ersten Mal seit fünf Wochen versuchten wir fernzusehen, waren aber nicht mehr in der Lage, auf die flimmernden Bilder zu starren, und drehten schließlich ab und lasen. Ungefähr um zehn Uhr in dieser Nacht sah ich durch das vordere Fenster, daß sich der Wind gelegt hatte. Obwohl es keinen wirklichen Grund dafür gab, ging ich hinaus, um nach Jake, Spud und Dolly zu sehen.

Es lag nur eine Handbreit Schnee; doch der Wind hatte ihn hinter den Wagen und Gebäuden aufgehäuft. Die Verwehungen waren nicht fest, weil es nicht so kalt war. Ich sah hinten in den Pick-up und spürte die Wärme der schlafenden Hunde. Dolly schlief mit dem Kopf unter dem Flügel. Wenn sie am Morgen erwachte und den Schnee erblickte, würde sie sich zweifellos fragen, was sie hier so weit im Norden machte. Der

Sturm war besonders früh im Jahr gekommen, und in ein paar Tagen würde es sicher wieder schön sein; sie aber wäre von diesem Unwetter nicht überrascht worden. Sie hätte es vermutlich schon Tage vorher gespürt. Wäre sie auf einem richtigen Vogelzug gewesen, hätte sie sich wahrscheinlich aus dem Sturmgebiet herausgehalten. Ich fühlte mich dumm, als ich die hintere Klappe des Pick-ups zumachte. Der Neuschnee reflektierte das Licht der Straßenlaternen in der kleinen Stadt. Am Ende der Hauptstraße, mitten über einem alten Farmhaus, probte ein Vollmond seinen Auftritt. Er war ein heller Fleck in den sich lichtenden Wolken über der Stadt und erinnerte mich an die hellen Flecken am Himmel, die mich einst hierher gelockt hatten.

* * *

Strahlend ging am nächsten Morgen die Sonne auf, und um neun Uhr kramte ich im hinteren Teil meines kleinen Lasters nach einer Sonnenbrille. Die Bewohner der Stadt hatten die Straßen und Ausfahrten schon vor Sonnenaufgang geräumt, aber wir hatten es nicht eilig, aufzubrechen. Die Interstate 90 war immer noch gesperrt. In dem örtlichen Café aßen wir süße Brötchen, wobei mir einfiel, daß die Yuppies, die Kris in Denver kannte, zwei Dollar für so ein Brötchen geben würden. Wir zahlten fünfzig Cents und fünfunddreißig für den Kaffee.

Nach dem Frühstück ließen wir die Hunde frei und gingen in die Stadt. Der Schnee schmolz schon, aber wir wußten, daß die drei Kilometer lange Zufahrt zu meiner Ranch wahrscheinlich unpassierbar war, selbst wenn man die Straßen der County geräumt hatte. (Vielleicht konnten wir heute nicht mehr nach Hause fahren, aber Dolly mußte draußen aufgeblockt werden und am Nachmittag unbedingt jagen.) Es war nicht viel los in Sundance, so verbrachten wir einige Zeit im Eisenwarenladen und kehrten dann in das Café zurück. Wir sprachen mit Farmern und Holzfällern, die an diesem Morgen nicht arbeiten konnten. Kurz vor Mittag kam ein Trucker herein und erzählte, daß die Interstate frei war.

Als wir die Abzweigung zu meiner Ranch erreichten, waren die Straßen der County geräumt. Ich wollte nur eine Woche lang geschäftliche Dinge erledigen und Dolly in der Nähe jagen lassen. Erney würde hierbleiben, um alles für den Winter vorzubereiten.

Als wir in die Zufahrt einbogen, tauchte ein paar Kilometer weiter östlich Bear Butte auf, ein heiliger Ort. Zum Haus waren es noch drei Kilometer; doch der Wind hatte den Anfang des Weges freigeblasen. Wir fuhren vorsichtig, bis wir an die erste Schneewehe gerieten. Nach einem prüfenden Blick beschlossen wir, daß wir durchkommen konnten, wenn wir schnell genug fuhren. Die Wehe war etwa fünfzig Meter lang, aber nicht hoch und fest. Wir kamen durch und erreichten ein Stück, das der Wind freigefegt hatte. Die nächste Verwehung war etwas länger und höher. Wieder entschieden wir, daß wir eine Chance hatten, wenn wir noch schneller fuhren. Die Fahrt würde haarig werden, daher ließen wir die Hunde raus. Erney stand auf dem Schneewall und hielt Dolly auf der Faust, während ich fuhr. Der Pick-up schlingerte und kämpfte sich ruckartig durch den schlimmsten Teil der Wehe, fuhr sich fest und gab nur ein paar Meter vor dem Ende auf. Hinten im Wagen hatten wir zwei Schaufeln, und es dauerte nur zehn Minuten, sich durch den Wall zu graben; aber wir waren immer noch gut einen Kilometer vom Haus entfernt.

Erney und ich überlegten, was wir tun konnten. Es war unmöglich, umzukehren, aber wir konnten zur Landstraße zurückwandern und einen Nachbarn bitten, uns seinen Traktor zu leihen. Die andere Möglichkeit war, weiterzufahren und das Risiko einzugehen, ernsthaft steckenzubleiben. Weil keinem von uns die Vorstellung gefiel, einen Nachbarn um Hilfe anzugehen, kämpften wir uns vorwärts. Wir schlugen uns durch zwei weitere Verwehungen, bevor wir an eine gerieten, deren Ende wir nicht absehen konnten. Die Sonne schien mit aller Macht, und der Schnee reflektierte das blendende Licht. Dieser Landstrich ist kahl und baumlos, selbst wenn es keinen Schnee gibt. Jetzt, da die Weiße alles einhüllte, bis auf ein paar Zaunpfosten mit schwarzem Stacheldraht, war die schöne Ödnis noch beeindruckender. Erney ging voraus, um das Ende der Schneewehe zu finden, und kam kopfschüttelnd zurück. Er sagte, daß sie zwar flacher wurde, aber ein paar hundert Meter lang war. Doch wir hatten uns nun einmal darauf eingelassen. Er hielt Dolly, und ich preschte wagemutig weiter. Ich hatte gerade die Hälfte geschafft, als der Schnee über die Haube kam und wir endgültig steckenblieben.

Ich mußte durch das Fenster kriechen. Erney blockte Dolly auf dem Schneewall auf und begann, die Vorderräder auszugraben. Ich war vollkommen durcheinander. »Tonnen von Schnee liegen zwischen uns und dem Haus«, sagte ich. »Wir liegen fest!«

Erney sah von seiner Arbeit auf und hielt mir die Schaufel hin. »Wir liegen erst fest, wenn die Schaufeln brechen«, sagte er.

Wir schufteten zweieinhalb Stunden, während Bear Butte zu unserer Rechten thronte; doch schließlich zogen wir den Pick-up auf einen freien Fleck vor dem Haus. Von allen Gebäuden, Sträuchern, Pfosten und Bäumen schleppten sich die Schneewehen gen Südosten. Das alte Haus, eine ehemalige Scheune, stand trotzig in der Landschaft. Als ich aus dem Laster stieg, sah ich mich um und erinnerte mich, warum ich mir diesen Ort zum Leben ausgesucht hatte. Vom Haus aus konnte man in jede Richtung blicken, ohne andere Gebäude zu sehen. Bis auf ein paar Zäune und Überlandleitungen hätte man sich hundert Jahre zurückversetzt fühlen können. Die Landschaft bot einen ungehinderten Ausblick. Dieses alte, wacklige Haus stand inmitten der amerikanischen Prärie.

Vor siebzehn Jahren hatte ich beschlossen, diese Gegend mein Zuhause zu nennen. Ich hatte mir die Entscheidung nicht leicht gemacht und einen ganzen Tag in einer Universitätsbibliothek zugebracht. Mit Hilfe von Wetterkarten, demographischen Tabellen, alten geologischen Karten und wirtschaftlichen Prognosen schränkte ich die Möglichkeiten ein. Ich fällte diese Entscheidung so sorgfältig, weil es in gewissem Sinn das erste Mal war, daß ich das Privileg hatte zu wählen, wo ich leben wollte. Zum ersten Mal seit meiner Kindheit war ich wirklich frei. Es war die erste Gelegenheit, für sich selbst Verantwortung zu übernehmen; und ich würde sie nicht verpatzen. Eine Woche später wurde ich aus gesundheitlichen Gründen vom Militärdienst zurückgestellt und beschloß, in der Prärie zu leben. Bäume, so schön sie auch sind, empfand ich immer als Sichtbehinderung. Ich dichtete eine Zeile von Joyce Kilmer um:»Ich glaube, ich werde nie die andere Seite eines Baumes sehen.« Hier konnte ein Mensch so weit blicken, wie es seine Sehkraft zuließ. Das Land war zu rauh, um überlaufen zu werden; für den Rest der Welt lohnte es sich nicht, darum zu kämpfen. Und als ich aus dem Pick-up stieg und das Haus und die Landschaft sah, die die meisten Menschen öde nennen würden, wußte ich, daß ich hier zu Hause war.

* * *

Wir blockten Dolly in dem wettergeschützten Hof auf und packten die Sachen aus, die gereinigt oder repariert werden mußten. Es war warm, vom Dach floß das Wasser und platschte auf die Sträucher, die sich schon unter dem Schnee zeigten. Am nächsten Morgen würde nur noch der Matsch an den Schneesturm erinnern. Und in ein paar Tagen nur noch die Grüne des Grases.

Um fünf Uhr hingen die Wäscheleine und die Zäune, die das Haus vom Weideland trennten, voll mit Ölzeug, Planen, Schlafsäcken und dem Zelt. Das durchgebrannte Ofenrohr wurde gelötet und genietet. Wir wechselten das Öl im Pick-up, und dann wurde es Zeit, mit Dolly zu jagen. Nicht allzu weit vom Haus entfernt lagen fünf Teiche. Weil die Straßen unpassierbar waren, beschlossen wir, einen Bogen zu schlagen, der uns an drei Teichen vorbeiführte. Mit etwas Glück konnten wir auf Enten treffen. Inzwischen flog Dolly immer kraftvoller und geschickter; bald wollten wir von Enten zu schwierigeren Beutetieren übergehen.

Die kleinen Vögel – Lerchenammern, Schwarzdrosseln und Lerchenstärlinge – hatten Montana schon verlassen. Aber hier, dreihundert Kilometer südwärts, gab es sie noch in Massen. Ein paar Lerchenstärlinge kauerten sich auf einem Schneewall hundert Meter vor dem Haus zusammen. Ohne grünes und braunes Gras, in das sie sich mischen konnten, sahen sie verloren aus. Aber sie wußten, daß der Schnee nur eine Laune der Natur war und nicht lang liegenblieb.

Dolly schenkte den Spärlingen keinen Blick, als ich sie auf die Faust nahm. Sie sah sie nicht als Nahrung an. Sie mußte erst noch lernen, daß man sie jagen konnte. Doch das würde später kommen. Jetzt wollten wir einen Gang durch den schmelzenden Schnee machen, in der Hoffnung, auf Enten zu stoßen. Ich verhaubte sie, und während sie auf der Waage stand, band ich mir die Falknertasche um die Taille. Sie wog 787 Gramm; das kalte Wetter hatte zu einer leichten Gewichtsabnahme geführt. Sie mußte eigentlich zur Jagd bereit sein.

Während ich darauf wartete, daß Erney Spud in den Zwinger brachte, genoß ich den Geruch von Dollys Federn. Die Menschen, die diese Vögel halten, berauschen sich insgeheim am Geruch von Falkenfedern. Er ist frisch und würzig, eine Mischung aus Hochgebirgs-Kinnikinick*, der salzigen Gischt des Ozeans und den Urwäldern von Yucatán. Es ist berauschend. Erney und Jake erwischten mich, als ich mit geschlossenen Augen im seitlichen Hof stand und meine Nase an Dollys Rücken hielt. Sie schienen darüber hinwegzusehen. Oder sie bemerkten es doch und verstanden mich. Als ich aufblickte, stand Erney ein paar Meter hinter mir und starrte zu Boden. Jake saß neben ihm, beobachtete mich aufmerksam und zitterte leicht vor Aufregung.

Wir waren noch nicht einmal zehn Meter gegangen, als Spud zu heulen anfing. Wir gingen den Hauptabzugsgraben entlang, der östlich vom Haus auf den ersten Teich zuläuft. Obwohl es wieder kälter geworden war, war der Boden nicht gefroren und schlüpfriger, als wir erwartet hatten. Wir liefen auf dem höher gelegenen Rand und ließen Jake bei Fuß gehen. Wir kamen so langsam voran, daß es dunkel sein würde, wenn wir den dritten Teich erreicht hätten. Auf dem ersten Teich gab es keine Enten, und ich fürchtete schon, daß Dolly an diesem Abend nicht jagen konnte.

Die kleine Ranch in South Dakota ist nichts Besonderes, nur ein Stückchen Weideland, das von ein paar strauchigen Abflußgräben durchzogen ist, und eine Menge Brachland, das die meisten Menschen als wertlos betrachten würden. Mein Banker, der mich immer davon überzeugen will, einen Teil umzupflügen und Getreide anzubauen oder mehr Vieh zu halten, nennt sie eine Wüstenei. Der Mann, dem sie früher

---

* kinnikinick: eine Mischung aus Tabak und Blättern oder Rinde vom Sumachbaum, früher von bestimmten amerikanischen Indianern und Pionieren geraucht. A. d. Ü.

gehörte und dessen überfällige Hypothek ich übernahm, nannte sie ein viehmordendes Miststück. Doch mir gefällt sie. Auch wenn ich woanders Geld verdienen mußte, um die Abzahlungen zu leisten, hatten Erney und ich das Gefühl, etwas Wesentliches zu schaffen. Selbst wenn wir nicht viel Vieh oder reiche Ernten hatten, gab es doch Rotwild, Kaninchen, Antilopen, Rauhfußhühner, Wachteln und Enten auf diesem kleinen Stück Prärie, und wir wollten es dabei lassen. Aus alten Berichten über dieses Land hatten wir geschlossen, daß es fruchtbarer war, bevor der weiße Mann mit seinen Pflügen und Kühen hierher kam. Wir hatten immer vorgehabt, zu einer naturnahen Bewirtschaftung zurückkehren. In der letzten Zeit hatten wir überall auf den Großen Ebenen Leute mit denselben Ideen angetroffen.

Als wir so vor uns hingingen, sahen wir aus wie zwei alte Bildrestauratoren, die man aufgefordert hatte, einen Dachboden mit verstaubten Ölgemälden zu durchsuchen. Wir machten Bemerkungen über die Erosion, die tödliche Gefahr, die Vögeln und Tieren von Stacheldrahtzäunen am Fuß von Hügeln droht, und daß das Buschwerk zurückkehrt, wenn das Vieh ferngehalten wird. Wir stapften durch den nassen Schnee zum zweiten Teich und fanden auch dort keine Enten. Die Sonne sank tiefer, und mich bedrückte die Sorge, daß Dolly nicht jagen konnte, wofür ich verantwortlich war. Bald würde es dunkel werden, und wir eilten auf den dritten Teich zu, als sechs Spitzschwanzhühner über unsere Köpfe hinwegschwirrten und dreißig Meter weiter in einem Wildkirschendickicht landeten.

Jake stellte die Ohren auf. Erney und ich erstarrten. Wir saßen in der Klemme. Wir hatten Dolly nur auf Enten loslassen wollen, bis sie stark und selbstsicher genug war. Die Spitzschwanzhühner in dem Buschwerk vor uns waren eine der schwersten Jagdbeuten. Sie würden ihr vermutlich davonfliegen und sie vielleicht entmutigen. Aber es wurde dunkel, und wir hatten keine Enten gefunden. Wir zogen uns zurück, damit wir die Hühner nicht vorzeitig aufscheuchten, und ich nahm Dolly die Haube ab.

Die Sonne war fast untergegangen, die Temperatur gefallen und Dollys Jagdinstinkt demnach erwacht. Obgleich das schneebedeckte Land um uns herum anders aussah, als sie es kannte, hob sie sofort von meiner Faust ab. Erney hatte durch den Feldstecher beobachtet, daß sich die Hühner niedergekauert hatten, sobald der Falke am Himmel erschienen war. Jake sah ihm beim Fliegen zu und winselte leise. Erney und ich warteten.

Wir hatten Dolly von Tag zu Tag länger in der Luft gelassen. Ich blickte auf meine Uhr und beschloß, die Hühner erst nach fünf Minuten zu heben. Sie flog nach Süden, bis sie fast außer Sichtweite war, kehrte dann um und gewann auf dem Rückflug an Höhe. Als sie sich genau über uns befand, flog sie zwei- bis dreihundert Meter hoch. Jetzt, da die Hühner sie gut sehen konnten und sich wahrscheinlich nicht vom Fleck rühren würden, gingen wir näher heran. Etwa fünfzig Meter von den Wildkirschen entfernt hielten wir in einer Senke an, damit Dolly noch eine Runde drehen konnte. Sie zog einen engen Kreis und segelte dann im Gleitflug dahin. Das war wie ein Zeichen, daß sie bereit war, und ich schickte Jake voraus.

Auch er kannte dieses Spiel und flitzte auf das Dickicht zu. Erney und ich rannten hinterher und beobachteten Dolly, die vorausflog, um zu sehen, was Jake aufgeregt hatte. Sie stand unmittelbar über dem Dickicht, als Jake die Hühner hochmachte. Spitzschwanzhühner sind ganz anders als Enten. Sie erreichen ihre Höchstgeschwindigkeit, bevor sie drei Meter hoch in der Luft sind. Wenn sie nicht wieder in Deckung einfallen können, versuchen sie normalerweise, dem Falken fliegend zu entkommen. Und oft gelingt ihnen das auch. Doch dieses Mal befand sich Dolly in idealer Position, und ihr senkrechter Stoß war zu viel für die kleine Henne, die zuletzt aufflog. Ich war mir sicher, daß das Huhn vor dem Stoß abdrehen und so dem Schlag ausweichen würde. Doch Dolly prallte direkt auf das Huhn und traf es heftig. Es plumpste schwer in den Schnee, und Jake schreckte es wieder auf, gerade als Dolly hoch aufgesteilt war. Das erneute Aufscheuchen des Wilds gehört nicht zu den Regeln der Falknerei; aber das Timing war perfekt. Das Huhn war verstört und flog ins Dickicht zurück. Dollys zweiter Stoß warf es wieder um, und diesmal wirbelte sie aus der Luft herab und schnappte es sich am Boden.

Ich traute meinen Augen kaum. Auch wenn der Flugstil viel zu wünschen übrig ließ, hatte Dolly doch das erste Spitzschwanzhuhn, das sie in ihrem Leben gesehen hatte, geschlagen. Es war enttäuschend, daß sie es nicht in der Luft über dem vorstehenden Hund getötet hatte. Doch Falken kümmern solche ästhetischen Überlegungen nicht. Dolly schwelgte in ihrem Sieg. Sie rollte das Huhn auf den Rücken und rupfte stolz die Federn aus. Ihre Augen waren sehr schwarz und tief. Wütend funkelte sie Jake an, als er sich in den Schnee niederlegte und auf einen Leckerbissen hoffte. In der Zwischenzeit war es kalt und fast dunkel geworden. Ich legte Dolly das Geschüh an, während sie kröpfte, und befestigte einen mit Bleikugeln gefüllten Lederbeutel an ihrer Leine, damit sie nicht wegfliegen konnte. Erney und ich unterhielten uns, während ich Dolly beim Fressen mit der Taschenlampe leuchtete. Dies war das beste Training, das sie erhalten konnte. Sie hatte gelernt, daß Spitzschwanzhühner eine gute Atzung waren und daß sie nicht hungern mußte, wenn sie eins fing. Nach einer Weile lockte ich sie an das Federspiel und zog das Huhn weg, ohne daß sie es merkte. Sie fraß von dem Fleisch auf dem Federspiel, das ich so bemessen hatte, daß sie ihr Fluggewicht in etwa hielt; und Erney und ich sahen uns das Huhn näher an. Es war eine kleine Henne; und obwohl es zu dunkel war, um die feine Tüpfelung auf der Oberseite zu erkennen, konnte man die weiße Brust deutlich sehen. Hier hatten wir einen der schönsten und großartigsten Vögel der Welt vor uns. Seine Füße sind befiedert, die Nasenlöcher so gebaut, daß er, unter Schneewehen vergraben, Winternächte überstehen kann. Das Fleisch ist dunkelrot und köstlich. Sowohl die Beine als auch die halbe Brust dieses Vogels waren noch in Ordnung. Heute abend würden wir Huhn essen. Ich warf den Rest des Kopfes Jake zu, grub meine Finger in die warme Körperöffnung des Spitzschwanzhuhnes und holte das Herz heraus. Bevor ich Dolly vom Federspiel wegholte und für den langen Heimweg auf die Hand nahm, fegte ich den

Schnee von den Wurzeln eines Wildkirschenbusches und drückte das Herz des Huhnes in den weichen Boden.

In dieser Nacht hatte ich den Traum zum ersten Mal. Ich befand mich an dem Strand, wo ich meinen ersten Wanderfalken gesehen hatte, auf Padre Island vor der Küste von Texas im Golf von Mexiko. Es gab dort viele Vögel. Rallen wateten durch das Sumpfland, Lerchenstärlinge und Abendsperlinge sangen im Gras, Sanderlinge und Säbelschnäbler schritten über den Strand, und Amerikanische Graureiher standen bewegungslos in dem seichten Wasser. Irgendwo vor mir befand sich die Beute, ein Spießenterich. Dolly, vom Geschüh befreit, hob gerade von meiner Faust ab. Wir hatten die Wanderung hinter uns gebracht. Ich war so weit mitgekommen, wie ich konnte, und schickte sie jetzt allein weiter; sie war jedoch nicht wirklich allein, weil sie mit allem, was uns umgab, verbunden war. Sie verließ zum letzten Mal meine Faust und flog mit der ganzen Kraft eines wilden Wanderfalken. Im Gehen dachte ich an das Land, durch das wir gemeinsam gezogen waren, sah aber nicht zum Himmel hoch, um sie zu finden. Ich wußte, daß sie da war; und als die Spießente aufflog, blickte ich nicht auf und wartete auch nicht gespannt auf den Sturzflug. Ich drehte mich um und ging weg. Es war nun Dollys Sache. In meinem Traum ging ich zum Pick-up zurück und fuhr nach Hause. Im Traum sah ich nicht zurück.

Die Morgensonne fand mich nicht, über den Traum nachsinnend, im Bett, sondern auf dem Weg hoch zum Bear Butte. Ich war vor Tagesanbruch aufgestan-

den und zum Parkplatz des State Parks gefahren, wo
die Wege anfangen. Unterhalb des Parkplatzes bewegten sich mehrere Indianer, vermutlich vom Stamm der
Cheyenne, um einen Wigwam herum. Dies war ihr
heiliger Ort, der Mittelpunkt ihres Universums, und in
diesem Amphitheater der Natur auf der Südseite von
Bear Butte fanden immer Zeremonien statt, außer
während der strengsten Wintermonate. Es ist nicht
schwer zu verstehen, warum dieser Platz für die Stämme der Großen Ebenen bedeutsam ist. Er ragt in
Gestalt eines schlafenden Bären ein paar hundert
Meter über die Prärie. Es ist der Berg Sinai der
Indianer der Ebenen, auf dem die sieben heiligen
Pfeile, die ihr Gesetz begründeten, gefunden wurden
und zu dem sie seit Jahrhunderten hinziehen.

Nicht weit von dem Wigwam gibt es einen besonders heiligen Platz, wo Crazy Horse vor den versammelten Stämmen sprach. Jedesmal, wenn ich den Pfad,
der sich durch Pinienbäume schlängelt, die mit per-
sönlichen Andachtsbündeln von Hunderten von Indianern beladen sind, zur Spitzkuppe hochwandere,
sehe ich hinunter und wünsche mir, ich hätte dabei
sein können. Ich stelle mir die Großen Ebenen in den
siebziger Jahren des vorigen Jahrhunderts vor und
versuche zu begreifen, was Crazy Horse durchge-
macht hat. Es war eine Zeit sozialer Unruhen, Stam-
mesauseinandersetzungen und allgemeiner Verwir-
rung. Die Welt ging für die Indianer der Plains aus den
Fugen, und die Führer versuchten, ihre Verluste zu
verschmerzen. Große Häuptlinge stritten sich darum,
wie man dem weißen Mann begegnen sollte. Red
Cloud würde noch eine Weile kämpfen, Sitting Bull

nach Kanada fliehen. Viele andere Häuptlinge würden sich dem weißen Mann ergeben und ihre Stämme davon überzeugen, in die Reservate zu gehen, um in Holzhäusern zu leben und die Felder zu bestellen. Am Ende gaben alle Häuptlinge mehr oder weniger auf. Alle bis auf Crazy Horse.

Er war nicht einmal ein richtiger Häuptling, wurde aber zum Symbol des Widerstandes. Freie Indianer aller Stämme strömten in sein Zufluchtslager, das er immer wieder woanders aufschlug. Jenes riesige, berühmte Lager am Little Bighorn River verdankte sich teilweise der magnetischen Ausstrahlung von Crazy Horse. Ich habe mich oft gefragt, ob er einer der Indianer war, die an jenem Tag dort im Fluß schwammen, an dem Custer seinen entscheidenden Angriff startete.

Mari Sandoz nannte ihn in *Crazy Horse** den seltsamen Mann der Oglalas. Er verbrachte den Großteil seines Lebens allein. Wenn er Sorgen hatte, pflegte er nur mit einem Pferd, einer Decke und seinen Waffen für ein paar Wochen zu verschwinden. Dann kehrte er mit neuen Kräften zurück, mit Fleisch für die Armen des Dorfes und dem Skalp eines Feindes vielleicht. Crazy Horse besaß fast nichts; er putzte sich nicht so wie die anderen Häuptlinge heraus. Er wies die Schmeicheleien des weißen Mannes zurück und spottete über Einladungen nach Washington. Er war religiös, charismatisch und glaubte fest an sein Recht, frei auf den Großen Ebenen umherzustreifen. Es hat mich

---

* Crazy Horse, the Strange Man of the Oglalas. Biographie von Mari Sandoz (1907–1966), erschienen 1942. A. d. Ü.

immer erstaunt, daß ein Mann mit diesen Eigenschaften nicht als einer der wirklich großen Amerikaner anerkannt wird. Doch das ist nicht der Fall. Als ich einmal an dem Ort, an dem er zu den Stämmen gesprochen hatte, vorbeizog, stellte ich mir vor, daß mir jemand die Worte seiner Rede ins Ohr flüsterte und ich sie niederschreiben konnte. Das allein schon, dachte ich, würde jenen Worten ihren Platz in der Geschichte zuweisen. Doch als ich oben auf dem Gipfel von Bear Butte saß, fragte ich mich, was ich wirklich mit der Kenntnis der Rede von Crazy Horse anfangen würde.

Während ich zur Kuppe hochstieg, wurde es immer wärmer, und ich konnte sehen, wie der geschmolzene Schnee in die Abzugsgräben floß. Bis auf die Verwehungen würde der Schnee gegen Abend verschwunden sein. Der Himmel war klar, und von meinem Aussichtspunkt konnte ich bis nach Montana und Wyoming blicken. Im Süden ragten dunkel die Black Hills auf. Ich blieb bis zum Mittag dort oben, als ob ich auf etwas wartete. In Wirklichkeit versuchte ich, für die nächsten zwei Monate Kräfte zu tanken. Die Genehmigungen, Dolly durch Nebraska und Colorado zu bringen, waren angekommen; damit hatte ich inzwischen vierzehn solcher Lizenzen erhalten. Bei jeder Behörde mußte ich die Genehmigung beantragen, Dolly zu transportieren, Stempel für die Wiedereingliederung wilder Tiere, Jagd- und Falknerjagdscheine. Für die meisten der Papiere hatte ich Ortsansässigkeit nachzuweisen, und mir wurde immer wieder gesagt, daß ich nur dann als Auswärtiger galt, wenn ich in einem anderen Staat ansässig war, und daß ich mich in South Dakota in letzter Zeit nicht häufig genug aufgehalten hätte, um dort ansässig zu sein. Einmal gab man mir zu verstehen, ich sei in gar keinem Staat wohnhaft, und verweigerte mir die Erlaubnis. Ich konnte mich des Eindrucks nicht erwehren, daß die über zwanzig Genehmigungen, die man brauchte, um von Montana nach Texas zu reisen, eine Verschwörung waren, die mich an einem Ort festhalten sollte. Ich dachte wieder an Crazy Horse. Doch im Gegensatz zu ihm würde ich wahrscheinlich zu guter Letzt alles bekommen. Die Papiere gingen an meine Ranch, und Erney würde sie an Kris in Denver oder ins Lager von Jim Weaver in Neumexiko weiterleiten.

Ich wollte South Dakota bald verlassen und mich nach Nebraska begeben, wo die North American Falconers' Association ihr nationales Jagdtreffen abhielt. Später dann würde ich nach Colorado, Neumexiko, und schließlich nach Texas fahren. Es gab noch ein paar Dinge zu erledigen, bevor ich aufbrach. Ich mußte bei der Bank vorbeischauen und wieder einmal mein Darlehen auf die Ranch rechtfertigen; und ich mußte mich vergewissern, daß die Rechnungen in der Futterhandlung und auf dem Holzplatz bezahlt waren. Dennoch hatte ich das deutliche Gefühl, daß ich etwas verdrängte. Es war mir, als gäbe es da etwas, was ich tun müßte, aber aufschob. In diesem Moment hob ein Rotschwanzbussard von einem Felsen unter mir ab, breitete die Schwingen aus und segelte in den thermischen Aufwinden, die sich über der erwärmten Prärie gebildet hatten. Da fiel mir ein, was ich tun mußte.

Ich beobachtete, wie der Vogel in der Warmluft schwebte, wie er scheinbar schwerelos nach oben glitt, bis er nur noch ein winziger Fleck am blauen Himmel mehr als tausend Meter über mir war. Das erinnerte mich: Es wurde Zeit, daß Dolly den Gleitflug lernte. Der Gedanke daran machte mir Angst. Wanderfalken sind Meister im Segelfliegen. Es ist eine ihrer bevorzugten Jagdarten. Sie schwimmen in der Thermik so hoch, daß ihre Beute sie nicht mehr sehen kann. Der Stoß eines Wanderfalkens aus dem hohen Segelflug herab ist eines der gewaltigsten Ereignisse in der Natur. Aus einer Höhe von vielleicht anderthalb Kilometern fallen sie herunter und können im Sturzflug 380 Stundenkilometer erreichen. Die Vorfahren der violett-grünen Schwalben, die an diesem Tag um Bear Butte herumflogen, hatten solche Sturzflüge zweifellos miterlebt, bevor der Wanderfalke in South Dakota ausstarb. Es war schwer zu glauben, daß ein Wanderfalke einen solchen Stoß so beherrschen konnte, daß er die flinken Schwalben erwischte. Dolly mußte segeln lernen, um als wilder Falke zu überleben. Es war aber auch der beste Weg, den ich kannte, einen Wanderfalken zu verlieren.

* * *

Nicht jeden Tag herrschen günstige Bedingungen für den Segelflug eines Falkens. Zwar können Aufwinde viele Ursachen haben; aber die besten Strömungen sind jene, die aus einer Veränderung 'der Erdtemperatur entstehen – wie im Fall eines frisch gepflügten Feldes, das in der Nähe eines Gewässers liegt. Die Luft kühlt über dem Wasser ab, wird schwer und strömt über das gepflügte Feld. Die dunkle Erde absorbiert mehr Sonnenstrahlung, erwärmt die Luft und schafft einen thermischen Aufwind, der mit großer Kraft und Geschwindigkeit sehr hoch in den Himmel aufsteigen kann. Solche Aufwinde entstehen an windigen *und* windstillen Tagen; doch ruhiges Wetter erhöht die Chance, daß der Wanderfalke in der näheren Umgebung bleibt. Thermiksäulen werden vom Wind abgelenkt, so daß ein Wanderfalke ohne Absicht meilenweit abtreiben kann. Möglich ist, daß er hoch oben bleibt, keinen Flügel rührt und sich dann hundert Kilometer weit von dem Ententeich entfernt wiederfindet, der als Ziel ausgesucht war. Segeln wirkt auf Wanderfalken hypnotisch. Sie scheinen es zu genießen, manchmal mehr als Nahrung, und sind weder durch aufgescheuchtes Wild noch durch das Federspiel herunterzulocken. In diesem Zustand ist der Wanderfalke am wildesten, sind seine Bande an die Erde am schwächsten.

So warteten wir mit einer Mischung aus Freude und Furcht auf den idealen Tag. Drei Tage nach meinem Aufstieg zum Bear Butte erblickte ich morgens beim Aufwachen eine riesige, gelbe Sonne am östlichen Horizont. Um sieben Uhr war es nicht kalt, und um halb elf wehte immer noch kein Wind. Wir blockten Dolly frühzeitig auf und entdeckten einen Haufen Schnatterenten und Stockenten auf einem Teich inmitten eines Geländes ohne Zäune oder Stromleitungen im Umkreis von fast einem Kilometer. Um elf Uhr nahm ich Dolly die Haube ab, als wir neben dem Pick-up standen, fünfhundert Meter vom Teich entfernt. Sie sah überrascht aus. Es war das erste Mal, daß sie an einem schönen Tag so früh jagen sollte. Aus Angst, sie im Gleitflug zu verlieren, hatte ich es hinausgezögert. Nun wollte ich, daß sie segelte. Zögernd verließ sie die Faust. Dies war ein außerplanmäßiger Flug für sie. Es war noch zu früh am Tage, um hungrig zu sein, und zu warm, um durch die Luft angeregt zu werden. Warme und windstille Luft belebt den Falken weniger als die frische Luft des späten Nachmittags; und zuerst flatterte Dolly träge um unsere Köpfe. Als sie merkte, daß wir nichts Aufregendes zu bieten hatten, flog sie nach Norden. Sie hatte den Teich nicht gesehen; und obgleich Jake wie gewöhnlich neben mir saß, wußte sie vermutlich nichts Rechtes mit sich anzufangen. Mit dem Schwingenschlag einer Weihe flog sie nicht höher als hundert Meter auf einen Bergkamm zu. Als sie fast einen Kilometer weit weg war, nahmen wir unsere Feldstecher und beobachteten sie. Ich hatte den Zeitmesser meiner Uhr angestellt, der mir sagte, daß sie fast fünf Minuten in der Luft war, als sie uns durch die Art ihres Fluges zeigte, daß sie das Interesse an uns verloren hatte und für sich selber flog. Normalerweise greift jetzt ein Falkner in seine Tasche nach dem Feder-spiel. Es ist ein Moment, der einen daran erinnert, daß der Wanderfalke ein *Wanderer* ist; es kann also das letzte Mal sein, daß man ihn sieht. Im Gleitflug scheinen Wanderfalken ihr Training zu vergessen und zu ihrem Wesen zurückzukehren. Das ist der Augenblick, den Yeats in der »Wiederkunft« beschreibt: »Alles fällt ausein-ander; die Mitte kann nicht halten.« Bis zu einem gewissen Grad ist es eine nervliche Zerreißprobe. Man könnte noch abbrechen. Man könnte das Federspiel schwingen, und der Wanderfalke würde vermutlich zurückkehren. Das aber hatten wir nicht vorgehabt.

Ich beobachtete durch das Fernglas, wie Dolly ungleichmäßig dahinflog und mit den Luftwirbeln über dem Kamm spielte. Dann sah ich, wonach sie suchte. Sie war westwärts gezogen, als sie, ohne ersichtlichen Grund, umdrehte und in eine Luftmasse zurückkehrte, durch die sie gerade erst geflogen war. Wieder zog sie eine Kurve und kehrte zu derselben Stelle zurück, die sie vorher angelockt hatte. Sie war durch einen thermischen Aufwind geflogen und versuchte, ihn wiederzufinden. Schließlich wurde ihr Herumkurven enger, und sie flog nun spiralförmig. Sie kreiste in der Warmluft und bewegte ihre ausgebreiteten Schwingen nur dann, wenn sie sich von dem Aufwind zu weit entfernt hatte und ihre Position wiedergewinnen mußte. Sie segelte ziemlich schnell aufwärts. Schließlich fand sie sich in der Peripherie der Thermik zurecht und konnte ringholend steigen, ohne mit den Flügeln zu schlagen. Sie fächerte den Schwanz, um noch mehr Auftrieb zu erhalten, und segelte mit einer Geschwindigkeit von ein paar hundert Metern in der Minute nach oben.

Zu diesem Zeitpunkt begann ich, an dem ganzen Unternehmen zu zweifeln. Ich rief mir ins Gedächtnis zurück, daß die Augen des Falken, der nur noch ein winziger, schwarzer Punkt am Himmel war, unvergleichlich schärfer waren als meine. Ich wollte gar nicht daran denken, wie klein wir auf Dolly wirken mußten, daß wir immer geringer wurden und daß viele aufregende Dinge jetzt, da sie meilenweit in jede Richtung blicken konnte, in ihren Gesichtskreis gerieten. Sie konnte die kleinste Bewegung eines Vogels im weiteren Umkreis des abgestellten Wagens wahrnehmen. Es war reiner Optimismus zu meinen, daß sie an drei plumpen Säugetieren, die sich auf einen der siebzig Teiche, die sie überschauen konnte, zubewegten, interessiert war.

Doch wir hatten uns darauf eingelassen. Wir gingen so dicht wie möglich an den Teich, ohne daß wir von den Enten gesehen werden konnten. Sie würden leicht aufzuschrecken sein, da sie vermutlich nicht wußten, daß Dolly über ihnen drohte. Obwohl wir uns bemühten, sie im Auge zu behalten, verloren wir sie gelegentlich, blieben stehen und brauchten mehrere Minuten, um sie wiederzufinden. Jetzt konnten wir sie nur noch mit dem Feldstecher entdecken. Die Warmluft strömte ziemlich senkrecht hoch, daher segelte Dolly noch einen knappen Kilometer weiter nördlich; aber von so hoch oben beherrschte sie den Teich mit Leichtigkeit. Die Frage allerdings war, ob sie sich um die hochgemachten Enten überhaupt kümmern würde.

Wir hatten zu entscheiden, wann Dolly bereit war, herunterzukommen. Wenn wir die Enten hoben, bevor sie ihren Gleitflug beendet hatte, würde sie sie verschmähen und vielleicht nie wiederkehren. Wir warteten auf ein Zeichen, daß sie jagdbereit war. Häufig schert ein Wanderfalke aus der Thermik aus, wenn er zur Arbeit bereit ist; das ist dann der Zeitpunkt, das Wild aufzuscheuchen. Doch manchmal ist er nicht einmal mehr mit dem Feldstecher zu orten; dann muß man aufs Geratewohl vorgehen. Sie war jetzt zweiundvierzig Minuten oben, und wir konnten sie kaum noch durch das Fernglas erkennen, als sie sich losriß und in unsere Richtung flog. Dies war unsere Chance, und ich sagte Erney, er solle sie im Auge behalten, während ich die Enten hochmachte.

Ich ließ den Feldstecher sinken und rannte auf den Teich zu. Die Enten zögerten nicht. Sie erhoben sich aus dem Wasser und flogen in die andere Richtung. Ich sah ihnen nach. Mühelos und ohne Hast zogen sie über die Prärie. Dann tauchte Erney an meiner Seite auf. Wütend suchte er den Himmel ab. »Sie ging in den Sturzflug«, sagte er, »aber ich habe sie verloren.« Dann hörte ich ein schreckliches, unheimliches Sausen in der Luft und sah zu den Enten hin. Sie bewegten sich in geschlossener Formation etwa fünfhundert Meter vom Teich entfernt. Das Geräusch des Sturzflugs nahm zu, und plötzlich löste sich die Formation auf. Enten stoben in alle Richtungen, und Dolly tauchte durch den Schwarm. Ob sie eine schlug oder nicht, konnten wir nicht sagen. Doch die Kraft ihres Stoßes trug sie gut hundert Meter wieder hoch in die Luft; und als sie die Flügel anlegte und zum zweiten Mal niederstieß, überwältigte sie eine verstörte Schnatterente, als wäre es ein Kinderspiel.

Obwohl Erney und ich dieses Schauspiel kannten, waren wir verblüfft. Lange Zeit sprachen wir kein Wort, schüttelten unseren Kopf, verschränkten die Arme und ließen sie wieder los. Als wir Dolly fanden, war ich überrascht, daß sie noch genauso wie früher aussah. Sie rupfte die fette Ente, als ob nichts Wundersames geschehen sei. Sie fraß die Ente, wie sie schon viele Enten gefressen hatte, und sah zu mir hoch, als wolle sie sagen, daß die Ehrfurcht, die in meinen Augen stand, mein Problem war, daß sie sich sehr wohl fühlte.

Erney sammelte wieder Wiesenchampignons, während Jake und ich bei Dolly saßen. Da wir am nächsten Tag aufbrechen wollten, ließ ich sie so viel fressen, wie sie wollte. Am Nachmittag kehrten wir zum Haus zurück und begannen einzupacken. An diesem Abend aßen wir Wiesenchampignons mit Ente und sprachen nicht mehr viel, bevor wir zu Bett gingen. Ich wollte mich für die morgige Fahrt gut ausschlafen; doch ich lag in dieser Nacht wach und dachte über den Sturzflug nach, den Dolly vollbracht hatte. Ich schätzte, daß sie fast fünfzehn Sekunden heruntergesaust war, und versuchte erfolglos, mir vorzustellen, wie man sich bei einem solchen Stoß fühlte. Früh am nächsten Morgen wunderte ich mich immer noch.

Erney hat es zwar nie erwähnt, aber das Geräusch der Cessna 170, die vom Luzernenfeld abhob, ließ ihn sicher mit einem Satz aus dem Bett springen. Wieder war es ein schöner Morgen, und ich trimmte das Flugzeug, um allmählich über die Prärie aufzusteigen. Ich stieg zehn Minuten, bis ich gut 1500 Meter hoch war. Ich stellte das Höhensteuer ein und flog geradewegs auf den Teich zu, wo Dolly gestern gejagt hatte. Von dieser Höhe aus konnte man ihn nur schwer entdecken; aber ich erspähte ihn inmitten des Gitterwerks aus Vegetation und Entwässerungsgräben unter mir. Ich konnte nicht sagen, ob die Enten zurückgekommen waren. Als ich fast einen Kilometer geflogen war, drosselte ich den Motor und ging im Winkel von sechzig Grad herunter. Ich hielt die Maschine in dieser Lage, bis ich sehen konnte, daß die Enten zurückgekehrt waren. Mein ratternder Flug erschreckte sie, und sie flogen auf, als ich noch eine beträchtliche Höhe innehatte. Ich wollte sehen, wie es war, durch sie hindurch zu fliegen, war aber immer noch nicht nah an sie herangekommen, als der Fahrtmesser blinkte und das Flugzeug zu zittern begann. Ich verlor die Nerven, fürchtete, daß die Tragflächen abfallen könnten, und begann, die Cessna aus ihrem erbärmlich unbeholfenen Sturzflug zu erlösen.

* * *

Der schnellste Weg hätte um die Black Hills herumgeführt; doch da gab es inmitten der Berge einen Platz, den ich jeden Herbst aufsuchte. Mit dem vollgepackten Pick-up fuhr ich den Boulder Cañyon in Richtung Deadwood hoch. Diese Straße ist in einem Dauerzustand der Reparaturbedürftigkeit und schlängelt sich über tausend Meter hoch zu den alten Goldgräberstädten. Die größte Goldmine im harten Felsen in Nordamerika befindet sich immer noch in Lead und ist der Hauptarbeitgeber der Gegend. Doch der Wohlstand aus dem Bergbau und der Energiewirtschaft des Westens scheint überwiegend nicht in der Gegend zu bleiben. Auch in den Öl-, Uranium- und Kohlestädten haben sich die Hoffnungen auf Reichtum nie so recht erfüllt, und das Gebiet um Deadwood und Lead in South Dakota wirkt trotz seiner landschaftlichen und geschichtlichen Reize notleidend und düster. Das einzig wahre Gold in den Black Hills sind die herbstlichen Espenblätter. Und auch sie hatten an diesem späten Oktobertag ihre Blüte hinter sich. Ich fuhr auf kurvigen Schotterstraßen an den Bergbaustädten vorüber und konnte anhand der Mengen gefallener

Espenblätter erkennen, daß der Winter vor der Tür stand. Es war spät für meine jährliche Kragenhuhnjagd.

Der Lebensraum des Kragenhuhns in den Black Hills ist bedroht, weil die Espe durch die Pinie verdrängt wird. Die dort lebenden Vögel sind nur geringer Verfolgung durch die Jagd ausgesetzt und daher nicht sehr scheu. Ich gehe immer an eine Stelle, wo es einmal einen Waldbrand gegeben hat und sich Holzfällerpfade durch den zweiten Baumwuchs ziehen. Ich treffe dort höchstens ein paar Kragenhühner an und erlege gewöhnlich nur eins oder zwei; aber die Schönheit einer Jagd in den Black Hills zu dieser Jahreszeit zieht mich Herbst für Herbst wieder hierher. Weil die Kragenhühner nicht so scheu sind, geben sie eine leichte Beute für Hunde ab, besonders für junge, unerfahrene Hunde. Kragenhühner stellten für Spud eine gute Erfahrung dar.

Meilenweit von der nächsten Asphaltstraße entfernt, hielten wir an einem Holzfällerpfad an; ich ließ Spud und Jake los und baute die Schrotflinte zusammen, die mir mein Vater hinterlassen hatte. Mit den Fingern glitt ich über die Kerbe im Schaft und erinnerte mich an den Morgen vor zwanzig Jahren, als ich sie beim Versuch, sie in der Dunkelheit auseinanderzunehmen, fallen ließ. Der heftige Schmerz in meinem linken Ohr kehrte zurück, und ich schüttelte den Kopf. Es war eine schreckliche Zeit gewesen, die ich gern vergessen würde. Doch das war unmöglich, weil alles, was ich war oder tat, mich an diese Zeit erinnerte. Die Flinte war das einzige, was mir von meinem Vater geblieben war, und hatte mir in gewissem Sinn die

Freiheit gegeben, ein Wanderleben zu beginnen. Wenn ich diese Reise mit Dolly weit genug zurückverfolgte, würde ich auf die alte Schrotflinte stoßen. Ich strich wieder über den Schaft und dann über den Lauf. Es war keine erstklassige Schrotflinte, und viele Male hatte ich mir schon eine bessere besorgen wollen. Doch dieses Gewehr und ich hatten eine gemeinsame Geschichte. Ich blickte auf Spud, der zu mir hochsah, als ob er sich wunderte, was da vor sich ging, und überlegte, ob dies der Tag sein könnte, an dem er ein Teil jener Geschichte würde. Dann steckte ich eine Handvoll Patronen in die Tasche und befestigte ein Glöckchen an Spuds Halsband, damit ich immer wußte, wo er sich in dem Unterholz aufhielt. Ich tätschelte ihm den Kopf und schickte ihn voraus. Jake und ich gingen gemeinsam durch die goldenen Espen-blätter den Hügel hoch.

Spud rannte los, und bald hörte man das Glöck-chen nicht mehr. Er hatte noch nie zuvor im dichten Gehölz gejagt und mußte es lernen. Spud rannte gern, aber lieber war er noch mit Menschen zusammen. Anstatt ihn zurückzurufen, setzte ich mich in ein besonders dichtes Gebüsch und wartete. Jake und ich waren teilweise verdeckt, als Spud an uns vorbei-stürmte. Ich sagte kein Wort. Ein paar Minuten später kam er zurück und sah ein wenig besorgt aus. Einen Augenblick lang stand er auf einer Lichtung, und ich konnte sehen, daß er unruhig war und sich verlassen glaubte. Er rannte wieder los, kam aber sofort zurück. Diesmal hatte er sichtlich Angst, daß er allein war. Er startete in verschiedene Richtungen, dann hörte ich ihn winseln. Das reichte. Ich stand auf. Als er uns sah, stürzte er Hals über Kopf auf das Dickicht zu, in dem wir uns versteckt hatten, und sprang mir in die Arme. Das war gegen die Regeln; aber ich mußte ihn einfach ein paar Sekunden lang festhalten, während er mein Gesicht ableckte.

Wir versuchten es von neuem. Spud lief durch die Espen und Fichten voraus. Diesmal blieb er in der Nähe und meldete sich häufig zurück. Wir stiegen die Anhöhe hoch und gingen dann am Waldrand entlang. Als wir auf einen verlassenen Holzfällerpfad stießen, folgten wir ihm bis zu einer Lichtung, wo sich jemand, vielleicht ein Goldgräber, eine Hütte gebaut hatte. Es war mitten am Morgen, und die Sonne schimmerte so durch die Zweige, daß die verwitterte Maserung der Hüttenwand Schatten warf. Das Bauwerk war eins von Tausenden, die in den Black Hills in den letzten hundert Jahren errichtet worden waren. Die Natur hat dieses Gebiet zurückerobert, und in der Hütte wohnt jetzt nur noch eine virginische Eule.

Ich hielt mich nicht weiter an dem Schuppen auf. Spud stöberte zwischen ein paar Espen am Rand einer winzigen Wiese herum, und ich machte mich auf, ihm den Rücken zu stärken. Doch die Frage, was der Erbauer dieser Hütte im Sinn gehabt hatte, ließ mich nicht los. Hatte er in diesen Hügeln nach Reichtum gesucht? Dann war dieser Schuppen ein Mahnmal an die Torheit. Darüber dachte ich nach, als mir auffiel, daß ich Spuds Glocke nicht mehr hörte. Ich beeilte mich und spähte in die Wacholderbüsche, die am Wiesenrand wuchsen. Immer noch dachte ich, daß Spud außer Hörweite war oder sich einfach hingelegt hatte, als ich Exkremente von Kragenhühnern entdeckte. Jake, der folgsam bei Fuß ging, hob den Kopf und beschnüffelte den leichten Wind. Er stellte den Schwanz auf und wedelte im Eiltempo. Offenbar hatten sich Kragenhühner in dieser Gegend aufgehalten, und zum ersten Mal hatte Spud womöglich ein Huhn aufgespürt und begann vorzustehen. Angestrengt suchte ich den Boden ab. Schließlich erspähte ich einen schwarzweißen Schwanz, der aus der Mitte eines Gebüsches himmelwärts ragte.

Ich ließ Jake Platz nehmen und folgte Spud, so schnell ich konnte und möglichst geräuschlos. Dann sah ich, daß Spud in einer gekrümmten Stellung mit gesenktem Kopf und hochgerecktem Hinterteil erstarrt war. Ich änderte meine Position, damit das Huhn eher ins Freie auffliegen konnte. Einen Meter von Spuds Nase entfernt, hielt ich an und suchte Gras und Buschwerk ab. Lange Zeit sah ich nichts, dann nahm ich ein Zucken des Schwanzes des Kragenhuhns wahr und hörte seine Putt-putt-Laute. Spud spitzte die Ohren noch höher und schwoll vor Aufregung an; er bewegte sich aber nicht. Seine Nase hatte ihn also nicht getäuscht. »Leichter Fall«, sagte ich und lud die Flinte. Dann ging ich von der Seite auf das Huhn zu.

Obwohl ich das Auffliegen des Vogels erwartete, erschreckte mich das Geräusch der Schwingen. Spud sprang herbei, als sich das Huhn aus dem Busch herausarbeitete. Er machte eine scharfe Kehrtwende, um einer Pinie auszuweichen, und rannte zur Hütte zurück. Es war ein leichter Schuß, und das Huhn fiel nicht weit von Jake zur Erde. Das Geräusch der Schrotflinte und der Fall des Huhnes waren zu viel. Jake brach aus und schnappte sich den Vogel, noch bevor er sich ausgerollt hatte. Der unerfahrene Spud hatte das Huhn nicht fallen sehen und raste wie verrückt in die falsche Richtung. Ich ging auf die Lichtung und traf Jake, der mir mit gewölbtem Schwanz und stolz erhobenem Kopf eilfertig das Huhn brachte.

Ich kniete nieder und nahm den Vogel. Der große Hund bebte am ganzen Körper, dann faßte er sich und gewann seine Würde wieder, indem er sich niederlegte, als ich das Huhn untersuchte. Spud kehrte zurück und beschnüffelte den Vogel, als ich ihn in den Händen drehte. Ich bewunderte die feinen, braunen Federn am Hals, fächerte den Schwanz auf und erkannte an der durchlaufenden schwarzen Querbänderung, daß es ein Männchen war. Es war wahrscheinlich ein Vogel, der sich erst in diesem Jahr von seiner Familie gelöst hatte. Irgendwo in der Nähe gab es einen Holzstamm, der diesem Vogel dazu gedient hätte, im Frühjahr die Weibchen herbeizutrommeln. Nun würde ein anderer Hahn den Stamm benutzen. Ich nahm mir vor, im späten April zurückzukehren und dem dumpfen Balzgeräusch zu lauschen. Dann spreizte ich die Flügel und versuchte, das Phänomen der Evolution zu begreifen, das diesen Vogel hervorgebracht hatte. Mit seinen schalenförmigen Schwingen hämmerte er gegen einen Stamm und rief das Weibchen aus großer Entfernung herbei; Raubvögel jedoch konnten das Geräusch kaum vernehmen. Das Trommeln geschieht mit einer Frequenz von 40 Hertz, die das Kragenhuhn wahrnimmt, aber die virginische Eule nicht, die vermutlich in der Nähe der alten Hütte lebt. Die Natur ist ein Ausleseprozeß; alles ist wie ein Uhrwerk aufeinander abgestimmt. Die Hühner, deren Schwingen mit einer Frequenz von 50 Hertz schlugen, starben ebenso aus wie die Menschen, die die Hütte gebaut hatten.

Wir drei gingen zum Wagen zurück, und ich gab Spud und Jake zu trinken. Dolly stand auf ihrem Block. Eine Beule an ihrem Hals ließ erkennen, daß sich noch etwas Ente vom Tag zuvor in ihrem Kropf befand. Heute nachmittag würde sie kein großes Interesse an der Jagd zeigen. Das war gut so, da ich unser Lager in der Nähe von North Platte aufschlagen und sie am nächsten Tag in Nebraska fliegen lassen wollte. Inzwischen war es Nachmittag geworden, und Wolken zogen am Himmel auf. Ich säuberte das Huhn, dann packte ich ein und machte mich mit Dolly und den Hunden auf den Weg zur Asphaltstraße. Als wir die Black Hills verließen, sah der dunkle Himmel nach Schnee aus. Wenn ich in sieben Wochen zurückkehrte, würden die Hills unter meterhohen Schneewehen begraben liegen. Wir brachen gerade rechtzeitig auf.

Weil es mich traurig macht, besuche ich Fort Robinson in Nebraska nicht oft. Aber da es auf meinem Weg lag, beschloß ich, vorbeizufahren. Die freudlose Pilgerfahrt erlebte ich wie ein Christ, der allein nach Golgatha zieht, erfüllt von der Greueltat eines sinnlosen Mordes, aber ohne die nette Rechtfertigung, daß es zu unserer Erlösung geschah. In Fort Robinson wurde Crazy Horse ermordet. In den späten siebziger Jahren des vorigen Jahrhunderts war es ein Militärstützpunkt, der die Weißen, die in die Black Hills zogen, schützen sollte. Es diente auch als Sammelplatz, um die Indianer in die Reservate zu verfrachten.

Die Schönheit des Landes, auf dem das Fort steht, verhüllt die Schmach seiner Geschichte.

Es war Abend, als ich den pinienbewachsenen Bergkamm im Nordwesten des Forts erreichte. Ich hielt an, blickte über das Tal und versuchte mir vorzustellen, wie es war, als dort mehrere tausend Sioux von den Soldaten des Forts mühelos im Zaum gehalten wurden. Das Militär hatte genau gewußt, wie man die Sioux manipulieren konnte. Sie spielten die Häuptlinge gegeneinander aus und beherrschten sie durch Gerüchte und Intrigen. Alle Indianer hatten sich schon ergeben, bevor man Crazy Horse überredete, sich in das Fort zu begeben.

Man schickte Abgesandte der Indianer, hochgeachtete Häuptlinge, mit Lebensmitteln und Vorräten in das Hungerlager von Crazy Horse. Sie baten ihn inständig, seine Freiheit aufzugeben und den anderen in die Gefangenschaft zu folgen. Man sagte ihm eine eigene Agentur für sein Volk und eine jährliche Herbstjagd für die Wintervorräte zu. Es war die jährliche Jagd und die Tatsache, daß seine Leute verhungerten, die Crazy Horse überzeugten. Er war der letzte freie Sioux-Indianer; und all die Agentur-Indianer zogen aus, um sein angeschlagenes, aber stolzes Volk zu sehen, wie es durch das Tal dort unten marschierte.

Zu seiner Zeit war er der meistgeachtete Indianer. Mari Sandoz zitiert in *Crazy Horse, the Strange Man of the Oglalas*, einen Offizier, der den Marsch beobachtet hat: »Mein Gott! Das ist ein Triumphzug und keine Niederlage.« Was Crazy Horse triumphieren ließ, war seine Wildheit, seine unbezwingbare Freiheit. Die Soldaten haßten und fürchteten ihn deswegen. Die Indianer liebten ihn dafür; manche aber waren auch neidisch, weil er selbst in Gefangenschaft nicht aufgab. Crazy Horse bekam weder die Agentur, die ihm zugesagt war, noch die herbstliche Jagd. Er wurde ein paar Monate nach seiner Ankunft in dem Fort ermordet, als ihn die Soldaten in Ketten legen wollten. Wer ihn getötet hat, ist nicht bekannt. Sicher ist nur, daß er eines elenden Todes durch die Hand furchtsamer, neidischer Menschen innerhalb der Mauern des Forts starb. Die Namen der Männer, die ihm die Messer oder Bajonette in den Leib stießen, und die Namen jener, die ihn festhielten, sind verlorengegangen. Zu vermuten ist, daß sowohl Weiße als auch Indianer daran beteiligt waren. Vom Kamm des Berges auf das Fort hinunterblickend, konnte ich mir die klaustrophobische Angst von Crazy Horse in seinen letzten Momenten vorstellen und wußte, daß er dem Neid zum Opfer gefallen war. Der Mord an Crazy Horse erinnert mich an einen Farmer, der den Sturzflug eines Wanderfalkens auf eine Ente beobachtet hat, sich heranschleicht, während der Falke frißt, und ihn mit einer rostigen Heugabel erschlägt.

Ich ging nicht in die Nähe des Forts. Ich fuhr um es herum und wandte mich nach Süden. Als ich Alliance erreichte, war es stockdunkel. Ich tankte und fuhr in das Crescent Lake Wildlife Refuge. Spud und Jake erkundeten die Gegend, während ich das Kragenhuhn in einer Eisenpfanne über dem Campingkocher briet. Ich aß mich satt, rollte den Schlafsack auf dem Boden aus und legte den Revolver unter mein Kissen. Bevor ich schlafen ging, stellte ich Dolly auf die Waage. Weil sie gestern nachmittag reichlich Ente gefressen hatte,

hatte sie heute den ganzen Tag nichts mehr bekommen. Ich hoffte, daß ihr Gewicht nach einem Tag ohne Nahrung richtig war, um auf Fasanen- oder Hühnerjagd zu gehen. Sie wog 836 Gramm. Das war zuviel; doch es war kalt, und sie würde mehr Kalorien verbrauchen als gewöhnlich. Morgen nachmittag würde sie fast das richtige Gewicht haben.

Am Morgen stellte ich den Kaffee auf den Kocher und zog los, bis ich das Wasser des Crescent Lake sehen konnte. Ein großer Schwarm Schreikraniche stand nah am Ufer und ich beobachtete sie mit dem Feldstecher in der Hoffnung, einen von ihnen schreien zu hören, hatte aber kein Glück. Am gegenüberliegenden Ufer hielt sich ein Schwarm Kanadagänse auf. Es war unwahrscheinlich, aber nicht unmöglich, daß es derselbe Schwarm war, der am Morgen des ersten Schnees in Montana auf unserem Teich gelandet war.

Wir schrieben jetzt die erste Novemberwoche; und während die Teiche in Montana zugefroren waren, schäumte der Crescent Lake in Nebraska vor Leben über. Ich konnte fünf Arten Enten entdecken, Kraniche, Gänse, Rotschulterstärlinge und mehrere Arten Strandvögel. Einige Vögel waren hier am Ende ihrer Wanderung angelangt. Doch die Mehrzahl würde weiterziehen wie wir: nach Colorado, Neumexiko und Texas. Ein paar – darunter vielleicht auch Dolly – würden bis nach Mittelamerika reisen.

Der Morgen war kalt; aber die helle Sonne versprach, den Tag zu erwärmen und das Eis, das sich während der Nacht gebildet hatte, aufzutauen. Es war ein klarer, blauer Prärietag, und der Wind frischte schon auf. Ich ging zu meinem kleinen Lager zurück, stellte Dolly auf den Block, ließ Spud und Jake frei und trank eine Tasse Kaffee. Dann ging ich zum See und schöpfte einen Eimer Wasser für Dollys Bad. Bis zu dem Jagdtreffen der nordamerikanischen Falkner in Kearney, Nebraska, waren es noch drei Wochen, die ich nutzen wollte, um mit Dolly in den Weiden und Getreidefeldern, die sich an den Seiten des North Platte River entlangzogen, zu jagen. Bei schönem Wetter konnten wir auf reiche Beute hoffen. Wenn der Spätsommer anhielt, würde ich lang genug bleiben, um ein paar alte Freunde bei dem Treffen wiederzusehen.

In jedem Fall hatte ich vor, mich Kent Carnie und Jim Weaver in Neumexiko anzuschließen. Sollte mich also das Wetter aus Nebraska vertreiben, könnte ich nach Colorado fahren und die Zeit mit Kris verbringen. Je länger ich weg war, desto verlockender schien das.

Ich saß und sah Dolly beim Baden zu, wobei mir der Platz, den wir gefunden hatten, immer mehr gefiel. Als Dolly aus der Badepfanne auf den Block sprang und ihr Gefieder zum Trocknen spreizte, hatte ich beschlossen, eine Weile hierzubleiben. Ich begann abzuladen und das Lager aufzubauen. Spud und Jake kehrten von einem Sprung in den See zurück, und ich band sie an, damit sie nicht noch einmal fortliefen, bevor wir zur Jagd aufbrachen. Noch ehe Dolly ihr Gefieder getrocknet und geputzt hatte, stand das Lager, und die Hunde dösten zufrieden in der Nachmittagssonne. Ich setzte mich so mit meinem Stuhl, daß mich das Zelt vor dem Wind schützte, und schlief im Nu ein.

Der Klang von Dollys Glöckchen weckte mich. Es war spät, Zeit zu jagen, und Dolly schlug unruhig vor Erwartung mit den Schwingen. Als ich sie wog, war sie vierzehn Gramm schwerer als gewöhnlich; doch so spät am Tag war das in Ordnung. Ich befestigte den Sender an ihrem Bein und lud Dolly, Spud und Jake hinten auf den Pick-up. Weil mir das Land unbekannt war, hätten wir früher losziehen und nach Teichen oder anderen Plätzen Ausschau halten sollen, wo Spud Fasane oder Rauhfußhühner aufstöbern konnte. Ich fuhr zu schnell, weil ich fürchtete, nichts zu finden, solange es noch Zeit war. Der See war viel zu groß; aber ich vermutete stark, daß es in der Nähe einen Teich mit Enten gab. Ich fand keinen. Je länger ich suchte und nichts fand, desto gereizter wurde ich, desto schneller fuhr ich und desto mehr Wild verpaßte ich zweifellos. Allmählich verlor ich die Hoffnung. Ich hatte vergessen, daß die Tage in Nebraska aufgrund der geographischen Breite kürzer waren. Die Sonne ging unter, und in wenigen Minuten würde es zum Jagen zu dunkel sein.

Plötzlich segelte ein Fasanenhahn vor uns über die unbefestigte Straße in eine feuchte, etwa zwei Hektar große Mulde, die von abgeernteten Getreidefeldern umgeben war. Wenn wir mehr Zeit gehabt hätten, hätte ich nicht so lang überlegt. Fasane sind sehr gute Läufer und schwer aufzuspüren. Die Chancen, den Hahn zu finden, waren nur leidlich. Doch auf der anderen Seite suchte sich der Fasan offensichtlich einen Schlafplatz für die Nacht, und es war gut möglich, daß es noch mehr Fasane in dem niedrigen Sumpfgras gab. Ich beschloß, das Risiko einzugehen, und bog von der Straße ab.

Weil es spät, kalt und fast dunkel war, schlug Dolly ohne Unterbrechung kräftig mit den Schwingen, bis sie sehr hoch oben war. Sie befand sich in solch guter Position, daß sie beinah über die ganze Mulde verfügen konnte, und ich entschloß mich, beide Hunde loszulassen. Es gab nur einen Platz, wo ein Fasan Deckung suchen konnte, eine Reihe von Bäumen etwa einen Kilometer weit weg inmitten von Getreidestoppeln. Fasane sind keine guten Langstreckenflieger, und ich war mir sicher, daß Dolly einen packen konnte, bevor er die Bäume erreichte. In der Absicht, die Fasane auf die Bäume zuzutreiben, ging ich langsam von einem zum anderen Ende der Senke. Die Sonne sank tiefer, die Hunde liefen kreuz und quer vor mir her; doch Fasane ließen sich nicht blicken.

Als wir das andere Ende der Mulde erreicht hatten, war es so dunkel geworden, daß wir Dolly kaum noch sehen konnten. Anscheinend hatten wir den Hahn verfehlt. Jake, der in meiner Nähe geblieben war, schnüffelte angestrengt am Rand der Senke herum, wo man den Hahn am ehesten vermuten konnte. Ich rief Spud zurück und versuchte, ihn dazu zu bringen, dasselbe zu tun; aber er raste wie verrückt in das abgeerntete Korn. Ich wurde wütend und schrie nach ihm, damit er den Fasan suchte. Er kam und stöberte ein paar Sekunden, während ich mit mir kämpfte, ob ich Dolly mit dem Federspiel zurücklocken sollte; Spud jedoch lief in Windeseile wieder hinaus auf die Stoppelfelder. Gerade wollte ich Dolly herunterholen, Spud einfangen und bestrafen, als er in den Getreidestoppeln erstarrte und vorstand. Es war nur ein ganz kurzes Vorstehen, weil der Hahn sofort auf die Bäume zusteuerte; und im letzten Sonnenlicht verlor ich ihn und Dolly aus den Augen.

Als erstes rief ich Spud herbei und entschuldigte mich bei ihm. Da er ein Hund war, vergab er mir mein Mißtrauen aus vollem Herzen. Dann warteten wir darauf, daß Dolly zurückkam. Ich schätzte die Chancen, daß sie den Hahn fing, fünfzig zu fünfzig ein; und obwohl es schön für Dolly gewesen wäre, Wild zu schlagen, hätte ich sie lieber zurückkommen sehen. Daß sie da draußen im Dunkeln war und sich an einem Fasan satt kröpfte, machte mir Angst. Es würde schwer sein, sie zu finden; und in der Nacht ist ein Wanderfalke am Boden in Gefahr.

Sie kam nicht zurück, und fünf Minuten später war es zum Jagen zu dunkel. Wir gingen zum Pick-up, um den Fernempfänger zu holen. Ich ließ Spud im Wagen, weil er für eine nächtliche Suche in einem unbekannten Gelände zu übermütig war. Jake blieb dicht bei mir, und es tat gut, ihn an meiner Seite zu wissen, auch wenn er mit seinem schwarzen Fell in der Dunkelheit fast unsichtbar war. Der Empfänger antwortete sofort, und der rhythmische Piepton war beruhigend. Solange das Signal ertönt, scheint der Falke nicht verloren zu sein. Der Empfänger zeigte an, daß sich Dolly irgendwo in der Nähe des Wäldchens befand, in das der Fasan vermutlich geflüchtet war. Als Jake und ich über das Kornfeld gingen, dachte ich, wie tröstlich doch das Piepen des Senders war. Stille wäre jetzt am allerschlimmsten. Dann vernahm ich ein anderes Geräusch, und kalte Schauer liefen mir über den Rücken. Ich stellte den Empfänger ab und erkannte die tiefen Laute einer virginischen Eule. Plötzlich sehnte ich mich nach Stille. Aber die Schreie hielten an, und sie kamen aus derselben Richtung wie das Signal des Senders.

Ich ging schneller und lauschte abwechselnd den Schreien der Eule und dem Piepen des Empfängers. Dolly bewegte sich nicht, was bedeuten konnte, daß sie den Fasan geschlagen hatte. Doch die Eule bewegte sich auch nicht, was bedeuten konnte, daß sie Dolly gefangen hatte. In der Nacht sehen Wanderfalken nicht gut und werden erbarmungslos von virginischen Eulen gejagt. Am Tage töten Wanderfalken die Eulen, wenn sie Gelegenheit dazu haben; aber ein Wanderfalke, der in der Dunkelheit mit einem Fasan ringt, ist gegen eine virginische Eule machtlos. Ich hatte die Taschenlampe aus dem Falknerbeutel mitgenommen, als wir den Pick-up verließen. Nun hoffte ich, daß ihr Schein die Eule verschrecken würde. Gerade konnte ich die Silhouette der Bäume erkennen, als eine zweite Eule zu schreien begann. Das war nichts Ungewöhnliches; virginische Eulen leben oft in Paaren oder Familien. Das Gehölz sah ganz nach einem geeigneten Brutgebiet aus; und weil die virginischen Eulen nicht viel umherziehen, lebten sie dort wahrscheinlich das ganze Jahr über. Im Lauf der Zeit haben die Eulen jenes Wäldchens wohl viele junge Falken und kleine Habichtsvögel gefangen, die sie bei einbrechender Dunkelheit beim Schlagen von Wild überraschten. Nur erfahrene Greife konnten die Gefahr, die sich in den Bäumen verbarg, erkennen.

Der Empfänger zeigte an, daß wir uns in der Nähe von Dolly oder dem, was von ihr noch übrig war, befanden. Die Eulen hatten genügend Zeit gehabt, sich an Dolly gütlich zu tun; und mir war schlecht, als ich den Boden mit der Taschenlampe absuchte. Ich leuchtete dorthin, wo ich Dolly vermutete, sah aber nichts. Dann überprüfte ich wieder den Empfänger, der erneut anzeigte, daß ich dem Sender ganz nah war. Eine Schreckenssekunde lang dachte ich, daß die Eulen Teile von Dolly aufgefressen, den Rest auf die Bäume getragen und nur das Bein mit dem Sender zurückgelassen hatten. Wieder leuchtete ich mit der Lampe über die Erde und sah nichts. Die Eulen fuhren fort, mich von den Bäumen herab zu verspotten. Dann bemerkte ich, wie Jake den Kopf hob und schnüffelte. Ich machte noch ein paar Schritte, und er legte sich nieder, wie er es gelernt hatte, wenn Dolly das Federspiel oder eine wilde Beute jagte. Angestrengt blickte ich in die Richtung, in die seine Nase wies, tat noch einen Schritt und hörte eine Falkenbelle. Dolly befand sich nur einen Meter vor mir. Sie lag mit ausgebreiteten Schwingen und zur Seite gedrehtem Kopf vollkommen flach am Boden. Einen Moment lang dachte ich, sie sei tot. Aber ein dunkles Auge sah zu mir hoch und glitzerte im Strahl der Taschenlampe. Als ich mich näherte, rückte sie sich zurecht, und das Glöckchen ertönte leise.

Als ich mich neben sie hockte, richtete sie sich auf und enthüllte den Fasanenhahn. Er war tot, hatte aber noch alle Federn. Wahrscheinlich hatte Dolly die Eulen in den Bäumen entdeckt, kurz nachdem sie den Fasan getötet hatte. Dann legte sie sich so auf den Boden nieder, daß die Eulen weder sie noch den Fasan sehen konnten. Dank ihrer Instinkte kam sie mit dem Leben davon; doch wie knapp, das wollte ich mir erst gar nicht vorstellen. Ich fragte mich, was das für ein Gefühl war, als sie mit dem Gesicht nach unten in den Getreidestoppeln lag und wußte, daß in der Dunkelheit der Tod lauerte und ihre einzige Chance darin bestand, bewegungslos bis zum Morgengrauen auszuharren. Jetzt begann sie, in unserer tröstlichen Gegenwart und im Licht der Taschenlampe wie gewohnt zu kröpfen. Doch ich sah genauer hin. Ihre Augen waren etwas tiefer, ihr Gefieder glatter und ihr Zugriff auf den Fasan entschlossener. In unergründlichem Sinn war dies nicht mehr derselbe Wanderfalke, der vor einer Stunde in der Abenddämmerung verschwunden war.

* * *

Drei Wochen lang jagten wir in den Sandhügeln und Grassteppen Nebraskas. Das Wetter hielt sich, und am letzten Tag des Freilandtreffens der nordamerikanischen Falkner kamen wir in Kearney an. Es war das erste Treffen dieser Art, an dem ich in fast zwanzig Jahren teilnahm. Ich hatte mir angewöhnt, allein mit meinen Falken zu jagen und war nicht sehr aktiv in der North American Falconers' Association gewesen. Ich ging Organisationen und Gruppen aus dem Weg. Aber die NAFA hatte sich zu einer Lobby für Vögel und deren Jagdbeute entwickelt, und es war hauptsächlich ihren Bemühungen zu verdanken, daß die Falknerei und die Geschichte der Greifvögel einer breiten Öffentlichkeit verständlich wurden.

Als ich begann, Falken zu halten, wurden sie noch als schädliches Raubzeug betrachtet, und viele Staaten zahlten Prämien für ihren Abschuß. Zu der Zeit sah man Falkner als verrückte Randgruppe an. Die Falknerei stieß auf wenig Verständnis; Behörden und Naturschutzverbände behandelten Falkner oft ungerecht. Aber die Falkner kämpften für ein rudimentäres Verständnis der Beziehungen zwischen Raubvögeln und ihrer Beute, bis schließlich Gesetze zum Schutz der Greife erlassen wurden und sich die Falknerei als anerkannter Jagdsport etablierte. Ihre entschiedenen Gegner wichen vor der Macht der biologischen Tatsachen zurück.

Ich fühlte mich ein wenig unbehaglich, als ich an den Menschen vorbeiging, die an meiner Stelle in Washington und den Hauptstädten der Staaten im ganzen Land gekämpft hatten. Auch wenn ich auf meine Weise einen Beitrag geleistet hatte, waren hier die Menschen versammelt, die in den Schützengräben gekämpft hatten, um das Töten von Raubvögeln zu verbieten, die Menschen, denen es gelungen war, Falken und Habichte in Gefangenschaft zu züchten und Nordamerika den Wanderfalken zurückzugeben.

Die Versammlung in Kearney unterschied sich erheblich von dem letzten Treffen, das ich besucht hatte, und machte deutlich, daß die Falknerei erwachsen geworden war. Hauptquartier war ein Motel am Rande der Stadt; und noch bevor ich den Pick-up abstellte, sah ich die ersten Falken. Hinter dem Motel befand sich der wettergeschützte Hof mit Habichten und Falken aller Art. Ein Vollzeitwächter kontrollierte die Leute, die hier ein und aus gingen. Strenge Regeln galten für das Füttern der Vögel in der Nähe ihrer Artgenossen, für zu dichtes Aufblocken und den Zutritt unbefugter Personen. Ich hatte nicht vor, mit Dolly bei dem Treffen zu jagen, daher hatte ich sie gefüttert und mit den Hunden im Pick-up gelassen, wo sie sich heimisch fühlte. Was ich hier suchte, war eine Pause, das Wiedersehen mit ein paar Freunden und eine heiße Dusche.

Als ich die Eingangshalle betrat, um mich anzumelden, bemerkte ich Falknerscheine aus Staaten der Ost- und der Westküste und aus dem gesamten Mittleren Westen. Man sah auch viel mehr Falken als auf den Treffen, an die ich mich erinnerte. Die Züchtungen in Gefangenschaft hatten die edlen Vögel einer größeren Zahl von Falknern zugänglich gemacht. Die Blöcke, Falknerhandschuhe, Hauben und Wagenstangen, an denen ich vorüberging, waren der durchschnittlichen Ausrüstung vor zwanzig Jahren weit überlegen. Es gab eine große Anzahl junger Leute, darunter einige wenige Frauen. Sie waren Durchschnittsamerikaner: Facharbeiter, Akademiker, Hilfsarbeiter, Beamte. Sie machten einen glücklichen Eindruck. Der stumme, dunkeläugige, ungesellige junge Mann, den ich aus den Tagen kannte, als die Falknerei ein halblegales Dasein fristete, war verschwunden.

Ich duschte und hielt nach Jim Weaver Ausschau. Ich hatte eine Nachricht erhalten, daß die Frau, die ihn seit langem begleitete, Phyllis Dague, am nächsten Tag zum Flughafen von Denver gebracht werden mußte. Als Präsident der North American Falconers' Association gehörte Jim zu den Leuten, die für die Bedeutung dieser Organisation als nationale Kraft im Naturschutz verantwortlich waren. Vor vielen Jahren hatte ich Jim im Winter auf den Ebenen von South Dakota getroffen. Damals befand er sich im Ruhestand und plante, mit seinem Gerfalken durch die nördlichen

Plains zu ziehen, bis er zu alt zum Herumwandern war. Aber es kam anders. Binnen eines Jahres hatte der Untergang des Wanderfalkens Tom Cade gezwungen, den Peregrine Fund an der Cornell University ins Leben zu rufen, und Jim wurde aufgefordert, ihn zu leiten. Zu der Zeit galt die Züchtung von Wanderfalken für die Freilassung als undurchführbar, und der Peregrine Fund verfügte über wenig Mittel. Durchaus denkbar ist es, daß das Geld, das Jim Weaver für seinen Ruhestand beiseite gelegt hatte, eine der ersten großen Spenden für den Peregrine Fund war.

Jahrelang beschäftigte sich Jim mit der Wiedereingliederung der Wanderfalken; später wurde er Präsident der NAFA. Er kam nie dazu, sich in die nördlichen Ebenen zurückzuziehen und mit seinen Falken zu jagen; aber er verbrachte dort oben viel Zeit, und ich lief ihm in all den Jahren immer wieder über den Weg. Ohne Vorankündigung fand ich ihn schlafend in der Zufahrt zu meiner Farm. An einem sehr kalten Tag entdeckte ich ihn auf einer abgelegenen Straße in North Dakota, in seinem Pick-up sitzend, nachdem er den Falken draußen aufgeblockt hatte, und mit dicken Fausthandschuhen aus Wolfsfell ein Buch lesend. Wir hatten schon viele Lager geteilt und in den letzten Jahren regelmäßig in Neumexiko zusammen mit unseren Falken gejagt. Ich wußte, daß er an dem Treffen teilnahm, weil ich seinen Pick-up mit Schlafraum, Pferdeanhänger und Hundezwinger hinter dem Motel stehen gesehen hatte. Sein Pferd befand sich wahrscheinlich in einem Stall außerhalb der Stadt. Ich hatte einen Blick in den Anhänger geworfen, der mit Stiefeln, Gewehrkästen, Falknerausrüstung und Sattelzeug vollgepackt war. Er hatte offenbar vor, nach Neumexiko aufzubrechen, sobald seine offiziellen Verpflichtungen bei dem Treffen beendet waren.

Es stellte sich heraus, daß Jim sehr beschäftigt war. Ich sah, wie er lächelte, als er an diesem Abend beim Bankett Preise verteilte und Hände schüttelte. Er machte seine Sache gut, aber ich wußte, daß er sich danach sehnte, wegzukommen und mit seinen Falken allein zu sein. Ich entspannte mich, trank Whiskey und beobachtete eine Gruppe junger Falkner aus Kalifornien, die eine Satire über die Schwierigkeit, mit dem Falken Rauhfußhühner zu jagen, aufführte. Die Leute amüsierten sich. Es gab auch einen Lichtbildervortrag über den Zug der Wanderfalken mit herrlicher Musik. Schließlich legte ich mich schlafen und hüllte mich in die sauberen Bettücher des Motels. Die Wanderfalken auf den Dias gingen mir nicht aus dem Kopf; und als ich einschlief, hatte ich fast denselben Traum wie schon einmal: Der Strand auf Padre Island, Tausende von Vögeln und die männliche Spießente auf einem Teich vor uns. Der salzige Seewind blies mir ins Gesicht, und Dolly flog kräftig wie ein wilder Wanderfalke. Doch dieses Mal fand sie eine Warmluftsäule und schwebte nach oben. Sie war ein winziger Punkt am Himmel, als die Spießente aufflog und ich mich umdrehte und den Teich verließ.

* * *

Am Morgen traf ich mich mit Jim und Phyllis zum Frühstück. Die Versammlung war vorbei; aber immer noch bedrängten Leute Jim mit Fragen und Kommentaren. Er war es leid, Präsident zu sein. Eine Woche lang diese Vorstellung hatte ihm gereicht. Die Fahrt nach Neumexiko mit dem Pferdeanhänger und einer Menge Ausrüstung würde lang werden, und es graute ihm davor. Als wir die Hintertür des Anhängers öffneten, krachte eine Lawine von Geräten und Geschirren auf den Asphalt. Er mußte sich durch einen Haufen Pferdesättel und Säcke mit Hundefutter graben, um Phyllis' Koffer zu finden. Wir durchwühlten fast das ganze Bettlager seines Pick-ups, um eine Kiste mit ausgestopften Präriehühnern zu finden, die Phyllis mit nach Ithaca nehmen mußte. Als wir mit der Übergabe fertig waren, war Jim erschöpft.

Er sah auf das Kornfeld hinter dem Motel hinaus. »Das war doch nicht immer so kompliziert«, sagte er. Phyllis war hinzugetreten und schüttelte den Kopf. »Ich sollte all dieses Zeugs loswerden«, sagte er nachdenklich. »Auf einen großen Haufen in das Feld da werfen.« Er sprach jetzt zu sich selbst. »Den Pick-up, den Pferdeanhänger, all diesen Schrott.« Er sah an seinem Hemd herunter. »Diese Kleider«, sagte er. »Die Hunde könnten nach Neumexiko laufen. Alles auf einen Haufen werfen und mit Benzin übergießen. Dann den Falken auf die Faust nehmen und ein Streichholz auf den Haufen werfen. Dann ohne Sattel und nackt auf das Pferd und nach Neumexiko reiten.«

Phyllis riß die Augen auf und schüttelte wieder den Kopf. »Es war eine harte Woche«, sagte sie. »Ein hartes Jahr. Er braucht Urlaub.«

»Einfach mit Benzin übergießen«, sagte Jim wieder.

»Bis bald, in einem Monat vielleicht«, sagte Phyllis. Jim stand immer noch auf dem Parkplatz des Motels, als wir uns auf den Weg nach Denver machten. Er hatte vor, in einem Zug nach Neumexiko durchzufahren – ein anstrengendes Unternehmen. Doch Phyllis sorgte sich nicht um ihn. »Er braucht diese Reise«, sagte sie. »Er muß allein sein.« Sie waren seit siebzehn Jahren zusammen, in denen Jim überall auf der Welt allein sein Lager aufgeschlagen und in Washington für den Naturschutz gekämpft hatte. Irgendwie hatte Phyllis es gelernt, damit zu leben. Sie hatten eine seltsame, aber gute Beziehung.

Als ich über diese Beziehung nachdachte, fiel mir Kris ein. Ich hatte sie seit Monaten nicht gesehen und jeden Gedanken an sie vermieden. Aber jetzt, da ich auf der Interstate 70 nach Denver fuhr, ließ ich meine Gedanken ein wenig abschweifen. In ein paar Stunden war ich bei Kris zu Hause. Jake würde der glücklichste Hund auf der Welt sein. Ich könnte einen Espresso trinken und bis neun Uhr im Bett bleiben. Wir könnten ins Theater oder Kino gehen. In der Nähe von Denver gab es Ententeiche, und Dolly könnte jeden Tag jagen. Als die ersten Städte der Colorado Front Range um uns herum auftauchten, fühlte ich mich sehr müde und bemerkte nicht, daß ein dicker, grauer Winterhimmel über den schneebedeckten Rocky Mountains hing.

LLANO ESTACADO

Um Fort Collins herum gab es Tausende von Kanadagänsen. Sie flogen über den Highway und ließen sich in großen, dunklen Wirbeln auf den Getreidefeldern zu beiden Seiten der Straße nieder. Mit den Gänsen kamen große Enten, Stockenten und Spießenten, die wie Schatten der Kanadagänse im Korn landeten. Der Vogelzug war in Colorado angelangt. Ich kurbelte das Fenster herunter, und die Schreie der Gänse übertönten den Lärm des Highways. Dann waren wir in Denver, und das Gewühl der Stadt drang auf uns ein.

Wir hetzten zum Stapleton Airport und fanden keine Zeit mehr, einen Parkplatz zu suchen. Menschenmassen, zum Sturmangriff auf den Neuschnee in den Bergen bereit, stürzten mit Unmengen von Skiern und Zubehör aus den Wagen. Ich half Phyllis, einen Träger herbeizurufen, dann steuerte ein Polizist auf meinen illegal geparkten Pick-up zu. Wir umarmten uns, und ich spürte, daß sie gern mit mir den Rocky Mountains nach Süden gefolgt wäre und sich mit Jim in der Llano Estacado getroffen hätte. Eine letzte Umarmung, dann verschwand sie im Bauch des Flughafens, und ich sprang in den Pick-up, bevor ich einen Strafzettel erhielt. Hupen ertönten, als ich mich in den Verkehr stürzte, und ich drehte das Fenster gegen die Abgase hoch.

Kris war Assistenzärztin für Anästhesie am University of Colorado Hospital. In diesem Monat arbeitete sie mit Herzchirurgen zusammen. Ihr Job war es, Menschen einzuschläfern, sie am Leben zu halten, während eine Maschine die Funktionen des Herzens übernahm, das repariert wurde, und sie dann wieder zu Bewußtsein zu bringen. Sie arbeitete oft sehr lange im Operationssaal und wohnte daher in der Nähe des Krankenhauses in einem alten Wohnbezirk Denvers, nicht weit vom Washington Park. Als ich den Cherry Creek überquerte, fiel mir auf, wie sich diese Gegend, die seit Jahrtausenden unberührt geblieben war, in den letzten fünfzig Jahren verändert hatte. Cherry Creek, ein Wasser am Fuß des Gebirges, war einst ein Ort, wo sich im Winter alle Arten von Tieren versammelten. Elche und Hirsche zog es hierher, dazu gesellten sich Biber und viele Präriebewohner. Erst viel später begann der Mensch in dieser geschützten, fruchtbaren Gegend zu überwintern. Jahrhunderte später entstand westlich von hier eine Stadt. Heute ist Cherry Creek nur noch ein Gewässer, das durch einen Betonkanal fließt; von einem Bach kann gar keine Rede mehr sein. Es ist gleichbedeutend geworden mit schicker Gesellschaft, ein typisches Beispiel für viele Gebiete von erstaunlicher Schönheit. Es ist die alte Geschichte: Die Schönheit solcher Orte lockt die Menschen an, und ihre Ankunft zerstört all das, was sie einmal hierher zog. In gewissem Sinn ist das die Geschichte Colorados, und ihr Wahrzeichen ist die Ski-Industrie, die Geschwindigkeitsräusche verkauft, als ob das etwas mit Naturerleben zu tun hätte.

Der Wolf Creek Pass liegt in den Bergen südwestlich von Denver. Die Gegend gehört zu den schönsten Nordamerikas, und Wanderfalken haben dort seit Jahrhunderten ihre Nistplätze gehabt. Wie fast alle Wanderfalken in Colorado sind sie durch den Einsatz von DDT verschwunden. Mehrere Jahre habe ich dabei geholfen, in der Gefangenschaft gezüchtete Wanderfalken auf den

Felsen über dem Wolf Creek Pass freizulassen, bis sie wieder hoch über dem weiten, üppigen Tal brüteten. Vom Gipfel jener Felsen kann man eines der ursprünglichen Flußeinzugsgebiete Colorados überblicken. Am unteren Ende dieses Einzugsgebiets in der Nähe des Highways befindet sich das Hauptquartier der Development-Gesellschaft, die hier einen Wintererholungsort plant. Sie hat ein kleines Gästehaus gebaut, mit Speisesaal, Bar und Zimmern, in denen künftige Investoren wohnen können.

Eines Tages, nachdem wir wochenlang mit der Wiedereingliederung von vier Wanderfalken in die Wildnis beschäftigt waren, ging ich in das Büro der Development-Gesellschaft, um zu telefonieren. Ich war an diesem Tag mehrere Male auf den Felsen hochgeklettert, um nach den Wanderfalken zu sehen, und war erschöpft und verschwitzt. Nach meinem Telefongespräch wollte ich gern allein an der Ecke der Bar sitzen, aber eine junge Frau ging lächelnd auf mich zu und setzte sich neben mich. Sie war tief ergriffen und sagte, daß sie noch nie einen so schönen Ort gesehen habe. Ich stimmte ihr zu, und wir blickten aus dem Fenster auf den Felsen, wo die jungen Wanderfalken zu jagen begonnen hatten und so hoch geflogen waren, daß wir sie nicht mehr sehen konnten. Sie erklärte mir, daß sie aus Los Angeles gekommen sei, um hier im Auftrag ihrer Familie zu investieren. Sie wies aus dem Fenster auf den gegenüberliegenden Abhang des Tales, an dem ihre Wohnanlage entstehen sollte. Weiter unten, flußabwärts, plante sie, zwei Grundstücke für ihre Brüder zu kaufen. Sie stand auf und ging ans Fenster, so daß sie mir zeigen konnte, wie bequem das Shopping-Center zu erreichen war. Auf der einen Seite des Tales würden lauter Einfamilienhäuser gebaut – Straßen und Kanalisation im Preis inbegriffen. Das Gebiet, auf das sie wies, bildete die Lebensgrundlage der Wanderfalken auf dem Felsen und aller Tiere im Umkreis von Kilometern. Es würde durch dieses Entwicklungsprojekt zerstört werden, das die Wanderwege der Elche verbaute, sie von ihren Wintergründen und letztlich vom Überleben abschnitt.

Die Frau war attraktiv, und ich beobachtete sie, wie sie sich sehnsüchtig gegen den Fensterrahmen lehnte. Ich überlegte, ob ich mir ein Zimmer nehmen, duschen und diese Frau vielleicht zum Dinner einladen sollte. Eine kleine Gruppe Elche graste hoch oben auf dem Hang dort drüben, und ich zeigte sie ihr. Zuerst sah sie nichts und glaubte mir nicht. Endlich hatte sie sie erblickt, und vor Aufregung fehlten ihr die Worte. Lange Zeit starrte sie die Elche an, bis sie die Sprache wiederfand. Ihr ganzes Leben hatte sie in Los Angeles verbracht und nie zuvor lebende Elche gesehen. Elchjäger, sagte sie, versuchten, das Entwicklungsprojekt zu stoppen. Sie konnte nicht verstehen, wie irgend jemand Elche jagen konnte. Sie könnte nie etwas so Schönes töten, dazu liebe sie die Natur zu sehr. Sie erzählte, daß der Aufenthalt am Wolf Creek ihr neue Kräfte gab, weil es hier so wild und natürlich war. Oft habe ich mich gefragt, was sie wohl dachte, als sie sich mit der Begeisterung und Unschuld eines kleinen Mädchens vom Fenster abwandte und feststellte, daß ich gegangen war.

Ihren Instinkten verhaftet, versuchten einige Vögel immer noch, das Cherry-Creek-Gebiet zu nutzen. Eine kleine V-Formation Gänse flog mit ruhigem Schwingenschlag und versank auf ihrem Weg in den Washington Park hinter Scheinakazien. Als ich auf den University Boulevard einbog, schoß ein Eckschwanzsperber in wilder Verfolgung eines Stares quer über den dichten Verkehr des Highways. Im Garten von Kris kreischten ein paar Elstern in den Bäumen. Weil Kris oft bis neun oder zehn Uhr arbeitete, überraschte mich ihr Wagen in der baumumstandenen Einfahrt. Es wurde erst in einer Stunde dunkel, und der hintere Garten wirkte so geschützt, daß ich Dolly noch draußen aufblockte, bevor ich ins Haus ging. Jake kannte sich aus und sprang an der Hintertür hoch. Als ich ihn hineinließ, stürmte er los, als ob das Haus eine Ente barg, die es zu apportieren galt. Aber er war hinter Kris her. Sie trafen sich in der Küche und umarmten sich mit einem Getöse aus Quietschen und Jaulen. Spud konnte erkennen, daß diese Dame Hunde mochte, und schmiegte sich an ihr Bein, während sie solchen Wirbel um Jake machte. Ich mußte warten, bis ich an die Reihe kam.

Doch das Warten lohnte sich. Mir war gar nicht bewußt, wie sehr ich die Nähe einer Frau vermißt hatte, bis Kris den Kopf an meine Brust lehnte und mich ganz fest hielt. Dann bemerkte ich den lekkeren Geruch des Blätterteigs im Ofen, der das Filet Wellington umhüllte. Nun ist zwar Erney ein feiner Koch; aber er würde wohl eher als Lagerkoch durchgehen. Kris dagegen könnte in einem Palast kochen. Das ist eine ihrer Eigenschaften, eines der vielen

Dinge, die mich vergessen ließen, daß ich auf der Durchreise war.

Ich hatte vergessen, wie es ist, so zu essen. Wir fingen mit Krabbensuppe und einer Flasche Cabernet Sauvignon an. Zu dem Filet Wellington gab es Spargel, der in einer leichten Sahnesoße gekocht war. Das Filet war innen noch rosa, und von der Madeirasoße gab es reichlich. Dann kamen die pochierten Birnen mit einem Glas Muskateller.

Dolly war im Pick-up gut aufgehoben, und die Hunde lagen behaglich vor dem Kamin. Wir nahmen den Brandy im Wohnzimmer und kuschelten uns auf der Couch zusammen. Wir sprachen nicht. Ich genoß den Brandy, roch an Kris' Haar und dachte, daß sich wohl kaum ein Mensch je an einem Abend so wohl gefühlt hat. Spud drehte sich um und sah zu uns hoch, dann erhob er sich langsam und legte den Kopf in Kris' Schoß. Da erinnerte ich mich an die Worte, die Robert Graves einmal zu einem Besucher sagte. »Das politische und gesellschaftliche Durcheinander der letzten dreitausend Jahre ist einzig und allein darauf zurückzuführen, daß der Mann gegen die Frau als Hüterin der Geheimnisse der Natur aufbegehrte und seine eigene Weisheit durch den Intellekt unterdrückte.«

* * *

Viele tausend Enten überwintern in der weiteren Umgebung von Denver. Sie verbringen die Nächte auf den großen, eisfreien Staubecken, die die Stadt mit Trinkwasser versorgen und die umliegenden Farmen bewässern, und sie nähren sich von den Mais- und

Weizenfeldern, die sich an der Front Range entlangziehen, dem östlichen Abhang der Rockies. Sie leben auch auf den kleineren Teichen, wo ein Falke jagen könnte. Der Nachteil ist, daß auch Jäger diese Teiche heimsuchen, von denen einige den feinen Unterschied zwischen Wanderfalken und Enten nicht wahrnehmen können. Daher ist es gefährlich, dort einen Falken frei fliegen zu lassen. Also muß man Teiche finden, wo es Enten gibt und der Falke in Sicherheit ist. Manchmal heißt das, weit aus den bewohnten Gebieten herauszufahren, und manchmal auch, Enten innerhalb der Stadtgrenzen zu jagen, wo Gewehre verboten sind.

Am nächsten Tag verließ ich Kris' Haus gegen Mittag. Ein Freund, der in Denver aufgewachsen ist und dort mit Falken gejagt hat, hat mir einmal die Stadt und die geeigneten Teiche gezeigt. Das war vor vier Jahren; und schon damals mußten wir feststellen, daß die besten Teiche zu Parkplätzen oder Bürogebäuden geworden waren. Er konnte es nicht fassen. Ich fuhr an die Teiche, die er mir gezeigt hatte, und fand heraus, daß sie alle ein ähnliches Schicksal erlitten hatten. Einen gab es noch, der jetzt zu einem Golfplatz gehörte; und obwohl es November und kalt war, hastete eine Wagenladung Golfer über das Gras in der Nähe des Teiches. Ich fuhr aus der Stadt hinaus. Die einzigen Enten, die ich auf einem sicheren Teich sah, waren ein paar Stockenten auf der Abwasseranlage der Vorstadt Parker. Ich fuhr weiter und fand Teiche, aber keine Enten. Ein paarmal traf ich auf Jäger. Es war später Nachmittag, als mich die Verzweiflung zum Klärwerk von Parker zurückfahren ließ.

Zehn Minuten lang beobachtete ich die Lage mit dem Feldstecher vom Hügel über der Anlage. Eigentlich waren es drei Teiche, dreißig mal fünfzig Meter vielleicht. Auf einem befanden sich so an die vierzig Stockenten; nach einer Weile machte sich ein Haufen kleinerer Enten vom Ufer des anderen Beckens auf. Ideale Bedingungen, wenn die Lage abgeschiedener gewesen wäre. Doch hier handelte es sich um eine künstliche Anlage mit großen Verbotsschildern, die an einem meterhohen Maschendrahtzaun hingen. Nichtsdestoweniger war es der einzige bejagbare Teich, den wir gefunden hatten.

Ich fuhr auf einer schmalen Sackgasse, die offenbar nur offiziellem Gebrauch diente, auf die Teiche zu. Mein kleiner Pick-up mit seinem Wohnanhänger und den auswärtigen Kennzeichen sah sicher wenig offiziell aus; aber es war fünf Uhr vorbei, und ich redete mir ein, daß die Leute vom Wasserwerk schon nach Hause gegangen waren. Ich hielt den Wagen an einer tiefer gelegenen Stelle in der Nähe des Zauns an und dachte, daß wir dort Bürgern, die an ihrem städtischen Wasserwerk vorbeifuhren, weniger auffallen würden. Ich begann, das Schild am Zaun zu lesen, gab aber auf, als ich an die Worte »strafrechtlich verfolgt« kam.

Weil dies eine ausgesprochene Entenjagd war, hatte ich Spud bei Kris gelassen; als ich die Tür des kleinen Lasters öffnete, tauchte Jakes großer, quadratischer Kopf auf. Er keuchte vor Aufregung; instinktiv legte ich den Finger auf die Lippen und machte »pst«. Bevor ich Dolly herausholte, sah ich mich so unauffällig wie möglich nach allen Seiten um. Die Luft war rein. Ab mit der Haube, hoch in die Luft – und ich versuchte, so zu tun, als ob ich den großen, dunklen Wanderfalken nicht bemerkte, der über mir zum Himmel hochstieg. Ich lehnte mich an den Pick-up und betrachtete den Zaun. Ich konnte ganz leicht an einem Metallpfosten hochklettern, über den Stacheldraht krabbeln und auf der anderen Seite herunterspringen; aber für Jake war das ein Problem. Ich überlegte, ihn zurückzulassen; doch er beobachtete gerade Dolly, die hurtig nach oben flog, und zitterte vor Aufregung. Ich konnte ihn nicht zurücklassen. Vielleicht konnte ich den Zaun hochheben, so daß er unten durchkriechen konnte.

Wir sahen noch ein paar Minuten zu, und ich hörte, wie die Stockenten lauthals ihr Mißfallen herausquakten. Als Dolly ihre Höhe erreicht hatte, winkte ich Jake aus dem Pick-up und spurtete auf den Zaun zu. Bis dahin konnte ich mich wohl noch aus einer Anklage wegen unbefugten Betretens herausreden. Aber einmal über dem Zaun, war es klar, daß ich in voller Absicht das Gesetz gebrochen hatte; daher beeilte ich mich. Als ich anfing, hochzuklettern, drehte Jake durch. Er raste zurück und wieder vor, bellte und wühlte in der Erde unter dem Zaun. Als ich auf der anderen Seite wieder festen Boden unter den Füßen hatte, verbiß er sich in dem schweren Draht. Ich schaffte es, den Zaun ein paar Zentimeter hochzuheben; und Jake, der auf der Seite lag und sich heftig krümmte, zwang sich unter dem Draht hindurch. Als ich mich umdrehte und auf den Teich zulief, fiel mir auf, warum die Enten das dritte Becken nicht benutzten. Es enthielt fast ungeklärtes Abwasser, und ich hoffte, daß Jake vernünftig genug war, nicht hineinzuspringen.

Natürlich wußte Jake genau Bescheid. Wir joggten an dem stinkenden Wasser vorbei auf die zwei saubereren Teiche zu. Als ich die Stockenten sah, schickte ich Jake voraus; die Enten hoben vom Wasser ab und flogen mit dem Wind davon. Dolly trieb eine in das Gewirr von ausrangierten Maschinenteilen fünfzig Meter von der Kläranlage entfernt und ließ sich auf dem Haufen nieder. Ohne mir eine Pause zu gönnen, joggte ich zum Zaun zurück. Jake kam hinter mir her und schien zu wissen, daß er auf mich warten mußte, damit ich den Maschendraht hochhob. Als er unten durch war und ich gerade den Pfosten hochkletterte, bemerkte ich auf halbem Weg, wie ein Wagen die Werksstraße hinunter auf uns zufuhr.

Ich zog mich über den Stacheldraht und ließ mich fallen. Als der Wagen herankam, lehnte ich am Pick-up und tat so, als hätte ich den Mann nicht kommen sehen. Dolly machte sich über die Ente her und war nicht zu sehen, daher schien mir eine Lüge das Beste zu sein.

»Nur auf der Durchfahrt«, erzählte ich dem Mann in dem Wagen mit dem Aufkleber der Stadt Parker, Colorado, an der Tür. »Schien mir ein guter Platz, um den Hund etwas rauszulassen.« Zum Glück hatte der Mann nicht gesehen, wie ich über seinen Zaun geklettert war. Er war ein glücklicher städtischer Angestellter, der nur etwas in dem kleinen Gebäude neben den Klärteichen kontrollieren wollte. Hoffentlich würde es nicht zu lang dauern. Dolly hatte die Ente jetzt wahrscheinlich schon gerupft und würde bald anfangen zu fressen. Wenn sie zu viel fraß, hätte sie am nächsten Tag keine Lust mehr zum Jagen.

Der Mann wollte ein Schwätzchen halten. Er hatte

mein Kennzeichen aus South Dakota gesehen und fragte, von wo ich genau herkam. Ich bemühte mich, gleichzeitig höflich zu sein und die Plauderei nicht ausufern zu lassen. Jake lag mir zu Füßen. Er war naß und sah überhaupt nicht nach einem Hund aus, der nach einer langen Fahrt gerade einem Pick-up entsprungen war. Endlich schloß der Mann das Tor auf und fuhr auf die Anlage, um seine Arbeit zu tun. Er verschwand in dem kleinen Gebäude; aber es gab keine Möglichkeit, Dolly zu holen, ohne das Risiko einzugehen, von ihm gesehen zu werden. Der Maschinenhaufen, auf dem sie gelandet war, gehörte wahrscheinlich der Stadt, und sicher sah es der Mann vom Wasserwerk nicht gern, wenn ich da herumwühlte. Ich wartete und sorgte mich die ganze Zeit, daß Dolly zu viel fressen könnte. Wenn es zu lang dauerte, würde sie sich vielleicht sogar satt kröpfen, wegfliegen und kaum mehr zurückzuholen sein. Ich beschloß, noch ein paar Minuten zu warten und sie dann – Gesetz hin, Gesetz her – zu holen.

Der städtische Angestellte kam aus dem Gebäude heraus, stieg langsam in seinen Wagen, fuhr durch das Tor, stieg aus, verschloß das Tor, fuhr zurück und parkte neben meinem Pick-up. »War 'n schöner Tag heute«, sagte er. Ich nickte. »Verdammter Mist. Wird wohl wieder kalt werden. Heute sind zum ersten Mal seit drei Wochen keine Enten auf den Teichen.«

»Nein«, sagte ich. »Wollen Sie sagen, daß es sonst Enten auf diesen Becken gibt?«

Er lächelte und nickte, als ob er das Wissen eines großen Naturforschers mitteilte. »Die ganze Zeit über«, sagte er. »Sie scheinen Scheiße zu mögen.«

Ich wollte, daß er sich trollte, konnte das aber nicht hingehen lassen. »Sind sie nicht eher hier, weil die meisten ihrer natürlichen Teiche zerstört worden sind?«

Er dachte kurz nach und schüttelte den Kopf. »Nein«, sagte er. »Wilde Tiere scheinen eine Vorliebe für menschliche Scheiße zu haben.«

Ich setzte mein eisigstes Lächeln auf und beschloß, den Mund zu halten, bis dieser Mann verschwunden war. Endlich legte er den Gang ein und rollte langsam davon. »Schönen Tag noch«, sagte er.

Jake und ich sahen ihm nach, bis er auf den Highway bog, dann hechteten wir auf Dolly zu. Sie hatte schon zu viel Ente gefressen. Ich nahm sie ganz schnell auf die Faust; dann verließen wir die Kläranlage von Parker. Morgen würde sie zu schwer zum Jagen sein. Aber ich versuchte, es von der positiven Seite zu nehmen: So hatte ich einen Tag Zeit, um einen besseren Platz zu finden. Wenn es irgendwie zu vermeiden war, wollte ich nicht noch einmal mit Dolly im Klärwerk von Parker jagen.

Es war gerade dunkel geworden, als wir bei Kris ankamen. Jake verströmte einen wenig angenehmen Geruch und mußte draußen bleiben. Kris sah gerade Nachrichten, und Spud hatte sich auf ihrem Schoß zusammengerollt.

»Er kam von selbst an«, sagte sie. »Erst sein Kopf, dann eine Pfote, dann zwei; und bevor ich mich versah, schlief er ein. Ich kenne diesen Hund nicht einmal.«

»Er hat ein Problem«, sagte ich.

»Er ist schwer«, sagte sie und schob ihn herunter. Sie

stand auf und legte die Arme um meinen Hals. »Wie ging's mit Dolly?« fragte sie und dann: »Was riecht hier so?«

* * *

Weil Kris die erste im Operationssaal sein mußte, verließ sie um halb sechs das Haus. Ich stand mit ihr auf und trank meinen Kaffee, während sie sich zur Arbeit fertigmachte. Sie sprach über die Fälle, die an diesem Tag anstanden: Offenherzchirurgie, neue Klappen, Arterien ausputzen. Bevor sie ging, wünschte sie Dolly und mir noch eine gute Jagd. Während ich die *Denver Post* in die Hand nahm, verglich ich ihren Tag mit meinem. Es mußte schön sein, dachte ich, sicher zu wissen, daß man jeden Tag etwas Wichtiges tat.

In der Zeitung las ich einen Artikel über einen Mann, der sehr wütend auf die Leute von der Tieraufsicht war. Er hatte sie auf seine kleine Vorstadt-Pferderanch gerufen, um einen Biber loszuwerden, der einen Damm durch den Bewässerungsgraben vor seinem Haus gebaut hatte. Denver ist umgeben von kleinen Anwesen, auf denen Menschen zusammen mit ein paar Pferden leben und doch leicht in die Stadt zur Arbeit fahren können. In unserem Fall windet sich der Bewässerungsgraben, der sich aus einer Bucht des South Platte River speist, durch ein ganzes Gebiet mit diesen »Hobbyfarmen«. Der Biber war nur seiner Natur gefolgt: dem Flüßchen, das ihm als ein Nebenarm der Mutter South Platte erschien, und seiner angeborenen Tätigkeit. Er fällte die Weiden, die neben dem

Bewässerungsgraben wuchsen, und baute einen Damm.

Der Mann, dem das Land am Graben gehörte, folgte ebenfalls seiner Natur. Er versuchte, den Biber davon abzuhalten, das Wasser zu sammeln. Er riß den Damm ein. Der Biber baute ihn wieder auf. Der Damm wurde wieder entfernt und so weiter, bis der Mann es satt hatte und die Behörde rief, die für diese Dinge zuständig sein sollte. Die Männer kannten sich aus. Sie waren Realisten. Sie wurden den Biber los, indem sie ihn in der wirksamsten Falle fingen, die sie hatten. Der Biber starb. Der Mann, der sie gerufen hatte, war außer sich vor Wut. In dem Zeitungsartikel tadelte der Mann die Behörde scharf für ihr unsensibles Vorgehen. Der Biber hätte lebend gefangen und an einen anderen Ort gebracht werden sollen, meinte er. Seine Nachbarn standen ihm zur Seite. Sie gerieten in Harnisch. Warum war der Biber nicht »menschlich« behandelt worden? Warum hatte man ihn nicht lebend gefangen und an einen anderen Ort gebracht?

Aus dem ganzen Artikel las ich eine systematische Schuldzuweisung an die Männer heraus, die die Falle tatsächlich aufgestellt hatten. Das war ein typisches Beispiel einer Walt-Disney-Welt-Vorstellung. Den Biber einfach lebend einfangen und dahin bringen, wo er für immer glücklich wird. Aber wo? Der Biber war schon zu Hause. Die Wahrheit war, daß das Bewässerungssystem, die Hobbyfarmen und die Vorstadtmenschen das Todesurteil über den Biber gefällt hatten und daß man diese Verantwortung nicht ein paar Männern zuschieben sollte, die angeheuert worden waren, um unsere Vollstrecker zu sein. Der Tod von

Tieren, die durch menschliche Aktivitäten entwurzelt werden, ist der Preis jeder wirtschaftlichen Tätigkeit. An diesem Nachmittag suchte ich nach Enten und vermied absichtlich die Vorstadt mit dem Biberskandal. Dolly, Jake und Spud blieben zu Hause, weil ich ja nur Enten für den nächsten Tag ausspionieren wollte. Die schneebedeckten Rocky Mountains zu meiner Rechten, kurvte ich durch das Vorgebirge und fuhr dann nach Osten, bis ich auf vereinzelte Weizenfelder traf. Den ganzen Weg über sah ich Enten und Gänse. Die Enten waren meistens in der Luft; ein paar schwammen auch auf Teichen, an denen man nicht jagen konnte. Ich hatte das Gefühl, daß ich viele gute Plätze gefunden hätte, wenn ich das Land besser gekannt hätte. So aber fuhr ich lang herum, bis ich einen abgelegenen Teich fand, an dessen tiefsten Stellen viele Rotkopfenten nach Nahrung tauchten.

Es war ein idealer Platz. Der Teich selbst lag inmitten einer kurzgegrasten Weide, und hinter dem Damm erstreckte sich ein etwa anderhalb Kilometer langes, abgeerntetes Weizenfeld. Einen halben Kilometer südlich vom Teich gab es eine Stromleitung; doch der Wind kam von Norden, so daß die Enten vermutlich von den gefährlichen Stahldrähten weg fliegen würden. Ich beobachtete die Enten durch den Feldstecher. Die Erpel stachen mit ihren leuchtend roten Köpfen und der schwarzen Brust die schlichten braunen Hennen aus. Es war unmöglich, sie genau zu zählen, weil immer einige unter Wasser waren. Es mochten wenigstens zwanzig sein, genug für einen wundervollen Flug. Wenn es die Verhältnisse zuließen, konnten wir sogar mitten am Tag hinausziehen und Dolly gleiten lassen. Ich war mit dem, was ich gefunden hatte, sehr zufrieden und fuhr nach Denver zurück. Der kürzeste Weg wäre der über den Highway 83 gewesen. Doch dann hätte ich am Klärwerk von Parker vorbeifahren müssen; also bog ich lieber nach Westen ab, bis ich die Interstate 25 erreichte, und fuhr dann nordwärts in die Stadt.

Als ich nach Hause kam, lag Spud schon wieder zusammengerollt auf Kris' Schoß. »Das ist dein Problem«, sagte Kris. »Er ist zu liebevoll, zu zutraulich. Eines Tages wird er dir von einer Schultüte entgegenblicken.«

»Du ermunterst ihn.«

»Vielleicht ein bißchen.« Spud drehte den Kopf und sah mich an. Er stupste Kris an der Hand, damit sie ihn streichelte. Es war kaum zu glauben, daß dies mein Vogelhund war. Sie sahen so behaglich aus auf der Couch, als die Abendnachrichten gerade begannen, daß ich mich einfach zu ihnen setzen mußte.

An diesem Abend aßen wir Pizza, meine erste seit sechs Monaten, und sahen uns »The Cosby Show« und »Night Court« an. Die Zehn-Uhr-Nachrichten meldeten, daß es am Anfang der Woche Schnee geben würde. Wir räumten die Küche auf und gingen zu Bett. Aber ich schlief nicht gleich ein. Ich lag im Dunkeln wach und dachte über den Vogelzug nach. Wo wäre Dolly jetzt, wenn sie allein unterwegs wäre? Sicher weit im Süden. Sie wäre jetzt ein viel besserer Flieger, ein viel besserer Jäger, wenn nicht ich, sondern ihre Eltern sie unterwiesen hätten. Mein rechtes Ohr befand sich nah am offenen Fenster, und ich glaubte, in der Nacht Gänse zu hören.

Am Morgen war es kalt geworden. Es bestand kaum eine Möglichkeit, daß Dolly warme Aufwinde finden konnte, daher brachen wir erst um drei Uhr zu dem Teich mit den Rotköpfen auf. Spud blieb zu Hause, Jake und ich fuhren langsam nach Südosten. Es war schon nach halb vier, als ich mit dem Fernglas den Teich ausspähte. Meine gute Laune schwand dahin. Die Enten waren weg. Wieder und wieder suchte ich die Ufer des Teiches ab. Doch bis auf eine dünne Eisschicht, die sich während der Nacht gebildet hatte, blieb der Teich leer. Endlich gestand ich mir ein, daß es hier keine Enten gab und daß unsere einzige Chance die Abwasserbecken von Parker waren.

Vom Highway 83 bogen wir in die Werksstraße ein. Diesmal zögerten wir nicht. Wir parkten, nahmen Dolly, machten uns über den Zaun und hoben die Enten. Dolly fing eine auf ähnliche Weise wie zuvor; doch dieses Mal waren wir gleich zur Stelle. Ich trieb sie mehr zur Eile an, als gut war; denn ich wollte nicht wegen unbefugten Betretens festgehalten werden. Um halb sechs waren Jake und ich zu Hause, und der leicht stechende Geruch hing in meinen Kleidern und in seinem Fell.

In den nächsten drei Tagen trafen wir an den Teichen von Parker etwa um halb fünf ein. Dolly wurde unfehlbar. Sie lernte zu warten, bis sich die Enten vom Maschendraht entfernt hatten, bevor sie niederstieß. Der Sturzflug zwang die Vögel unter den Zaun und machte es ihnen unmöglich, ins Wasser zurückzukehren. Sie schlug sie nicht mehr in der Luft, sondern trieb sie einfach zu Boden, wo man sie leicht packen konnte. Auch Jake und ich waren Könner geworden. Das ganze Verfahren nahm weniger als zehn Minuten in Anspruch.

Als ich zum sechsten Mal oben auf dem Zaun war und gerade mein Bein über den Stacheldraht schwingen wollte, fiel mir auf, wie gräßlich das alles war. Da hing ich hoch über dem Boden, und unter mir lag der stinkende Teich. Jake wartete geduldig auf der anderen Seite. Dolly kreiste über uns, und über ihr brauten sich die grauen Winterwolken zusammen. Ich ließ mich neben Jake auf den Boden fallen, der mich ansah, als ob er wußte, was in mir vorging. Ich lockte Dolly mit dem Federspiel herunter und verließ diesen Ort.

Wieder lag ich nachts wach im Bett und grübelte. Mein gutes Ohr lag dicht am Fenster; ich strengte mich an, die Gänse zu hören. Nach einer Weile schüttelte mich Kris. Sie lag an meinem linken Ohr und hatte anscheinend versucht, mit mir zu reden. Ich drehte mich im Dunkeln um, so daß ich sie hören konnte. »Du gehst, nicht wahr?« Ich nickte und preßte ihren Kopf fest an meine Brust. Dann drang das Geräusch der Gänse durchs Fenster. Es begann in der Ferne, als der Schwarm vom sechs Häuserblocks entfernten Teich abhob, und wurde intensiver, als sie auf uns zuflogen. Die Luft war erfüllt vom Schreien der Gänse, einer Kakophonie wandernder Gänse. Sie überflutete alles. Selbst meine Gedanken.

* * *

Wenn ein Mensch Augen wie ein Wanderfalke hätte, könnte er vom Raton Pass die Llano Estacado sehen. Ich bog vom Highway ab, kurz bevor die Straße über die Grenze zwischen Colorado und Neumexiko ging. Dort werden die Zedern immer spärlicher; und wenn der Tag klar ist, wie fast immer, kann man meilenweit blicken, über den nordöstlichen Teil von Neumexiko und schmale Streifen von Texas und Oklahoma. Für den Menschen noch nicht sichtbar ist das fast 100 000 Quadratkilometer große Tafelland, das sich an der Grenze zwischen Texas und Neumexiko erhebt und die Llano Estacado genannt wird.

Obgleich sich die meisten Historiker einig sind, daß Coronado das Gebiet im Jahre 1541 Llano Estacado genannt hat, gibt es verschiedene Auslegungen der Bedeutung des Namens. *Llano* heißt »Ebene«, und *estacado* wird entweder mit »umzäunt« oder »eingepfählt« – wie mit senkrechten Latten oder Pfählen umschlossen – übersetzt. Eine Erklärung lautet, daß die felsigen Steilhänge auf der texanischen Seite und entlang des Pecos River in Neumexiko so um die Llano Estacado aufragen, daß Coronado an ein Fort erinnert wurde und der Name »die umfriedete Ebene« bedeutet. Eine andere Version behauptet, daß die hohen Spitzen der Yucca Coronado an »Pfähle« erinnerten. Doch mir gefällt am meisten die Interpretation, nach der Coronados Expedition, weil die Llano Estacado weit und flach ist und wenig natürliche Landmarken aufweist, gezwungen war, große Holzstangen mit sich zu führen, die sie für den Fall, daß sie sich verirrten, als Orientierungshilfe in den Boden trieben.

Die Llano Estacado ist ein einzigartiges Gebiet in Nordamerika. Etwa dreißig Kilometer von der Stelle, wo ich meinen Wagen geparkt hatte, liegt die archäologische Ausgrabungsstätte Folsom; hier fanden Wissenschaftler im Jahre 1925 die Überreste eines alten Massengrabes. Die Knochen, die dort auftauchten, gehörten dem *Bison antiquus*, dem viel größeren Vorfahren des heutigen nordamerikanischen Bisons. Es gab keine anatomischen Überreste von Jägern, auch wenn sie ihre Spuren in Form von Feuersteinwerkzeugen hinterließen. Diese kunstvoll gearbeiteten, kannelierten Pfeilspitzen sind 8000 bis 10 000 Jahre alt und unter dem Namen Folsomspitzen bekannt geworden. Der Feuerstein, aus dem sie gemacht wurden, stammte aus den Alibates-Steinbrüchen, die am nördlichen Rand der Llano liegen. Diese Gesteinshalden versorgten die eingeborenen Amerikaner fast 15 000 Jahre lang mit Flintstein von hoher Qualität. Über die ganze Llano Estacado verstreut, liegen noch wenigstens neun andere Fundstätten verschiedener primitiver Kulturen. Dies war immer ein Land der Jäger und der Jägerkulturen. Das Zentrum der ältesten dieser Kulturen, der Cloviskultur (ungefähr 10 000 v. Chr.), befand sich vermutlich in der Nähe eines Winterlagers, das immer noch in Betrieb ist. Jim Weaver und Kent Carnie jagen seit den späten Siebzigern am Rand der Llano Estacado. Ihr Lager war mein Reiseziel.

Ich fuhr durch den Raton-Paß und befand mich in Neumexiko. Hier wurde die Vegetation immer spärlicher, die Zedern wuchsen kümmerlicher und die Yuccas aus dem Felsen heraus. Ich bog von der Interstate ab und begann die lange Fahrt hinunter in das Einzugsgebiet des Canadian River. In der kleinen Stadt Mosquero aß ich grüne Chilies und Tortillas und erwarb einen Jagdschein für Neumexiko und eine Wiedereingliederungsmarke für wilde Tiere. Damit stieg die Zahl der Bescheinigungen auf neunzehn an. Ich brauchte noch zwei weitere für Texas und eine letzte Genehmigung, um Dolly freizulassen, die bei den Behörden noch strittig war. Obwohl man Hunderttausende für die Wiedereingliederung gefährdeter Arten ausgegeben hatte, war ich auf skeptische Reaktionen gestoßen, als ich vorschlug, einen Wanderfalken am Strand von Texas umsonst freizulassen.

Wir lagerten in einer trockenen Senke über dem Canadian River, nicht weit von einem Teich, auf dem ich eine Menge Enten gesehen hatte. Eigentlich könnte Dolly jetzt auf anderes Wild angesetzt werden. Enten waren eine leichte Beute für sie. Sie hatte so ungefähr alles gelernt, was sie vom Entenjagen lernen konnte; und es bestand die Gefahr, daß sie sich an sie gewöhnte und weder kleinere noch schwierigere Vögel jagen wollte. Sie mußte jedoch mit vielen Arten von Wild gut umgehen können, wenn sie allein eine Chance haben sollte. Dies sollte die letzte Ente sein, die Jake und ich für sie hochmachten.

Es war jetzt Ende November. Obwohl die Berge, die nördlichen Ebenen und die Prärien schon im Winterschlaf lagen, herrschte hier auf der Llano Estacado ein Wetter wie im Herbst. Der frühe Nachmittag war warm und klar; und als ich Dolly die Haube abnahm, fiel mir ein, daß sie segeln könnte. Und das tat sie auch. Jake und ich sahen zu, wie sie die trockenen Berghänge, die das nördliche Ufer des Canadian River begrenzen, nach warmen Aufwinden absuchte. Als sie eine Thermik fand, breitete sie die Schwingen aus und rührte sie nicht mehr, bis sie außer Sichtweite war. Ich konnte sie noch mit meinem Feldstecher sehen, während wir auf den Teich zugingen. Aber als wir uns in Position befanden, um die Enten aufzuscheuchen, hatte ich sie aus den Augen verloren. Ich hoffte, daß sie noch über mir segelte, und bedeutete Jake, loszuziehen.

Nah am Teich befand sich ein über mehrere Masten gespannter einzelner Telefondraht. Die Leitung lief über ein Bartgrasfeld fünfzig Meter vom Teich entfernt. Obwohl es gefährlich war, ging ich davon aus, daß sich die Enten weit genug davon entfernt hätten, wenn Dolly niederstieß. Jake stürzte sich in den Wind, und die Bergenten rannten über das Wasser und hoben alle auf einmal ab. Ich vernahm das sausende Dröhnen der Luft durch Dollys Schwingen erst, als sie sich weit über dem Telefondraht befanden. Aber Bergenten sind keine besonders guten Flieger; als sie den Stoß hörten, rollten sie sich aus Dollys Flugbahn nach innen. Sie war zu schnell, um sich dieser Richtungsänderung anzupassen. Doch am Ende ihres Stoßfluges schlug sie mit den Schwingen und schoß dann in einem Looping ein paar hundert Meter über den Schwarm hoch. Von hier aus beherrschte sie ihn mit Leichtigkeit; und obwohl die Enten zum Teich zurück steuerten, gab es für sie kein Entrinnen mehr. Sie erreichte sie just über dem Bartgrasfeld, bevor sie an die Telefonleitung kamen, fuhr durch sie hindurch und tauchte auf der anderen Seite mit einer Bergente in den Fängen auf. Es ging alles viel zu schnell, als daß ich den Vorgang genau schildern könnte; aber die Wucht dieses zweiten Stoßes schüchterte den Schwarm sichtlich ein, und viele Enten krachten in das Bartgras.

Dolly ließ sich auf einem kleinen Hügel in der Nähe des Teiches nieder. Jake und ich setzten uns zu ihr, während sie kröpfte. Die Bergente war eine Henne mit sehr schlichtem Federkleid. Der einzige Schmuck war das glänzende Auge und der helle Federkranz um den Schnabel. Ich nahm den Kopf, den Dolly abgetrennt hatte, und begrub ihn unter einer Yucca. Jake legte sich nieder, hob aber schnell den Kopf und schnüffelte in die Luft. Ich merkte, daß er der Witterung nachspüren wollte und ließ ihn ziehen. Er trabte gemächlich auf das Bartgrasfeld zu.

Ich beobachtete Dolly, als ich Jake hinter mir hörte. Er wedelte mit dem Schwanz in dem trockenen Gras; Dolly glättete ihr Gefieder und verrenkte den Hals nach ihm. Ich wandte mich um, und da saß Jake mit einer Bergente im Maul. Schnell stellte ich mich zwischen ihn und Dolly, die gerade auf Jake zufliegen und die Ente packen wollte. Glücklich übergab Jake mir den unverletzten Vogel, erhob sich und trollte sich wieder. Ich steckte die Ente unter meine Jacke, damit Dolly sie nicht sehen konnte, und ging auf den Teich zu. Als ich die Ente ins Wasser ließ, tauchte sie unter und blieb verschwunden. Sie schwamm vermutlich unter Wasser ins Schilf am anderen Ende des Teichs. Dort würde sie sich verstecken, bis wir fort waren. Ich kicherte vor mich hin, als ich zu Dolly zurückging. Doch für Jake war das kein Scherz. Zwei Minuten später kam er mit einer neuen Ente an. Anscheinend hatte sie Dollys Sturzflug so verschreckt, daß sie sich nicht mehr von der Stelle rührten, als sie nah der Telefonleitung ins Gras geplumst waren.

In den nächsten zwanzig Minuten war Jake schwer

am Schuften. Er brachte uns sechs kräftige Bergenten, die beschlossen hatten, sich lieber von dem riesigen, schwarzen Hund auflesen zu lassen als zu fliegen und Dollys Stoß noch einmal herauszufordern. Ihr Instinkt hatte sie ins Gras getrieben, ein Ausweichmanöver, das die Natur ihnen eingegeben hatte. Zahllose Bergenten sind den Stößen von Falken entkommen, indem sie sich auf die Erde flüchteten.

Ich setzte alle sechs Enten auf dem Teich ab. Dann apportierte Jake eine, die tot war. Der linke Flügel und Brustmuskel waren vom Rumpf abgerissen, und das Genick war gebrochen. Ich hielt den Haufen Unglück in der Hand und wußte sofort, was sich ereignet hatte. Wie die anderen war diese Ente mit Höchstgeschwindigkeit vielleicht auf das Gras zugeflogen, als sie auf etwas traf, an das sich die Spezies noch nicht hatte anpassen können. Die Ente war mit voller Kraft in den Telefondraht geflogen und fast in zwei Hälften zerrissen worden. Ich sah das nicht zum ersten Mal. Überlandleitungen trugen wesentlich dazu bei, Vögel zu töten und zu verstümmeln. Der Schaden, den die Bergente erlitten hatte, war erstaunlich. Ich schauderte bei dem Gedanken, daß Dolly etwa zweimal so schnell in unmittelbarer Nähe dieses Drahts geflogen war.

* * *

Am nächsten Tag fuhren wir am westlichen Rand der Llano Estacado entlang. Wir bewegten uns auf schmalen Pfaden, die kaum deutlichere Spuren in der Landschaft hinterließen als eine Bleistiftlinie auf einem Gemälde. Die Llano ist unglaublich flach. Ich konnte mir lebhaft vorstellen, wie mühselig die unsinnige Odyssee Coronados auf der Suche nach nichtexistenten goldenen Städten gewesen war. Die Vegetation hat sich seit damals nicht verändert. Man konnte sich sehr leicht verirren. Während meiner Fahrt ging mir das Bild jener gepanzerten Spanier – schwitzend und fehl am Platz, wie Custers Truppen in Montana – nicht aus dem Sinn. Sie waren 1540 hierhergekommen – die Soldaten auf der Suche nach Gold und die Mönche auf der Suche nach ihren eigenen Schätzen in Form von Bekehrten. Ich wäre gern Zeuge gewesen, wie sie in all ihrem europäischen Staat hier draußen entlangklapperten und jene schweren Holzstangen trugen, die sie in die Llano treiben wollten, um von der Landschaft nicht verschluckt zu werden. Was mag wohl in dem Türken oder dem Indianer, der die Expedition führte, vorgegangen sein?

Große Teile der Llano werden heute landwirtschaftlich genutzt, obwohl das hier ein Musterbeispiel einer Gegend ist, die nie unter den Pflug geraten sollte. Als das geschah, trieb der Wind den fruchtbaren Sandboden über Straßen, auf Häuserdächer und Zäune und türmte ihn meist am Rand der Felder zu Haufen oder Dünen auf. Das einstmals üppige Prärieland, Heimat tausender und abertausender Bisons, war jetzt eine wahre Wüste geworden, ein Flickwerk vom Winde verwehter Landwirtschaftsabenteuer.

Aus dem einen oder anderen Grund bringt das Land nur alle drei Jahre eine Ernte hervor. Es ist gut möglich, daß mehr Tonnen Heu oder mehr Rindfleisch auf der Llano produziert wurden, bevor der weiße Mann kam. Vielleicht hat der Türke das geahnt.

Vielleicht hat er deshalb die Spanier absichtlich auf die Llano hinausgeführt, weiter und weiter weg von den freundlichen Pueblos Neumexikos, in der Hoffnung, daß sie untergehen würden. Der Türke wurde im Schnellverfahren zum Tode durch den Strang verurteilt, als Coronado merkte, was er getan hatte. Monatelang hatte er die Spanier von den Dörfern weg geführt, tiefer in die Llano Estacado hinein und näher und näher an einen sicheren und schrecklichen Tod. Noch ein tapferer, vergessener Held.

Aber es ging so weiter. Gerechtfertigt durch den Anfang der Bibel, der eindeutig sagt, daß der Mensch höher steht als alles, was ihn umgibt, sind die Menschen auf die Llano gekommen, um sie auf Gottes Geheiß zu »unterwerfen«. Im Glauben, daß die Erde zu ihrem Nutzen geschaffen war, zogen sie in den Kampf mit der Natur. Als ich an diesem Tag über die Llano fuhr, sah ich deutlich, daß der Mensch am Verlieren war. Auch die Natur hatte aufgrund der Erosion durch Wind und Wasser und des Verlustes einheimischer Pflanzen durch Überweidung gelitten. Die Menschen jedoch gingen aus dem Kampf mitgenommener hervor. Dies war ein Land armer, hohlwangiger Leute. Sie standen in den sterbenden kleinen Städten an den Straßenecken und starrten mich mit einem seltsam komischen Ausdruck im Gesicht an, dem Ausdruck einer unerwarteten Enttäuschung.

Weil die Llano Estacado eine so empfindliche Gegend ist, wird der Mißbrauch durch den Menschen hier deutlicher als anderswo. Unübersehbar ist, daß die Llano durch die landwirtschaftliche Nutzung zur Wüste wird. Doch eine Weile wird sie ein herrlicher, ursprünglicher Ort bleiben. Enten, Gänse und Kraniche überwintern hier und schwärmen an den Ufern, die noch nicht für die Landwirtschaft trockengelegt worden sind. Hier gibt es Antilopen und Hirsche. Schuppenwachteln flitzen zwischen den Yuccas hin und her, und unwahrscheinlich viele Präriehühner streifen auf den Ebenen herum. Doch das Schönste ist vielleicht: Die unkrautüberwucherten Kornfelder und verlassenen Farmen geben ganzen Völkern von Virginiawachteln eine Heimat. Gestern abend hatte ich ihre vertrauten Bob-bob-weit-Rufe vernommen und mein altes Gewehr geholt. Als ich die Schrotflinte mit einem öligen Lappen polierte, dachte ich wieder an den Tag vor zwanzig Jahren, als ich in der Morgendämmerung von Ohio mit jener Flinte dasaß. An jenem Morgen war ich noch ein Junge, aber alt genug, um zu wissen, daß ich physisch bedroht war. Als ich den Ahornschaft im gelben Licht der Lampe rieb, fühlte ich mich nach Ohio zurückversetzt. Schließlich beugte ich mich nieder und drückte mein linkes Ohr an die Mitte der langen Läufe. Ich drückte ab, aber dieses Mal befanden sich keine Patronen in den Kammern.

Als wir am nächsten Tag wieder an eine verlassene Farm kamen, bog ich in die überwucherte Zufahrt ein und ließ Spud zu seiner ersten Wachteljagd raus. Weil es warm war, ließ ich auch Jake ins Freie, band ihn aber am Wagen fest, damit ich meine ganze Aufmerksamkeit Spud widmen konnte. Beide Hunde spürten meine Aufregung; doch Jake begriff, daß dies nicht sein Tag zum Jagen war. Er keuchte und wedelte mit dem Schwanz, zerrte aber nicht an der Leine. Spud war wie verrückt. Er sprang in die Luft und drehte sich fast um hundertachtzig Grad, bevor er wieder auf die Füße kam. Er rannte vor und zurück, als ich meine Jagdjacke aus dem Lastwagen holte. Schließlich setzte er sich und bellte mich an. Als ich ihm bedeutete, loszuziehen, fegte er im gestreckten Galopp die Zufahrt hinunter.

Die Virginiawachtel ist ein kleiner, runder Vogel, nicht viel größer als ein Lerchenstärling, und scheint dem Uneingeweihten im Vergleich zu einem Fasan oder Rauhfußhuhn eine leichte Beute zu sein. Doch diese Wachteln stellen hohe Anforderungen an Ausdauer, Mut, Fähigkeiten und – so merkwürdig das klingen mag – Manieren eines Hundes. Sie sind sanfte Vögel, die in strenger Einehe leben und gemeinsam zwölf oder fünfzehn Junge im Jahr aufziehen, wenn alles gut geht. Wenn diese flügge geworden sind, bilden sie eine einzelne Familie oder Familienverbände, die man Völker nennt. Sie wärmen sich durch ihre eng aneinandergepreßen Körper und sind als Sippe vor Feinden sicherer. Daß Virginiawachteln in Völkern leben, macht die Jagd auf sie zum besonderen Vergnügen. Ein Volk, das vor einem vorstehenden Hund hochschwirrt, ist ein Erlebnis und stellt selbst den besten Hund auf die harte Probe, sich den einzelnen zu widmen, nachdem sie sich zerstreut haben.

Spud war noch nicht der beste Hund, zeigte aber Anlagen, es zu werden. Er hatte begonnen, Vögel aufzustöbern, vorzustehen und mit ihnen richtig umzugehen; und er ließ durchaus erkennen, daß er ein Apportierhund werden konnte. Ich war voller Hoffnung, daß die Wachteln ihm Feinheiten beibringen und mir eine Chance geben würden, einige seiner Fehler zu korrigieren.

Das Gehöft, das wir gefunden hatten, war ein idealer Platz für Virginiawachteln. Die sechs verfallenen Gebäude waren von einem armseligen Wäldchen umgeben; dahinter lag ein unkrautüberwuchertes Sorghumhirsefeld. Im Unterholz hatten sich verbeulte Maschinenteile verheddert, und in einem Pferch wuchs lauter Fuchsschwanz. Ich ging hinter Spud her, und als er vorbeiraste, rief ich ihn und hieß ihn Platz nehmen und sich beruhigen. Er war an die offene Prärie gewöhnt, wo es nur wenige Vögel und große Entfernungen gab. Auf diesen zwölf Hektar Land befanden sich wahrscheinlich mehr Vögel als auf hundertzwanzig Hektar weiter im Norden. Ich versuchte, es Spud zu erklären; aber er saß nur da und zitterte und keuchte wie ein Wahnsinniger. Ich schickte ihn wieder los, sprach aber ständig zu ihm, um ihn zu beruhigen.

Wir suchten eine Ecke des Pferchs ab, und ich sah im Staub Wachtelspuren. Dann schwärmten wir durch das alte Wäldchen, und Spud witterte Vögel. Er duckte sich, wedelte im Eiltempo und kroch gegen den leichten Wind vorwärts. Ich trabte hinterher, als er blitzartig erstarrte und dann weiterging. Das Volk befand sich vor ihm; aber er wußte nicht genau, wo. Wieder blieb er stocksteif stehen; doch ein leichtes Schwanzzucken zeigte mir, daß er sie nicht exakt aufgespürt hatte. Da ich vermeiden wollte, daß er zu nah herankam und sie hochmachte, schob ich zwei Patronen in die Flinte, bedeutete ihm zu warten und ging voraus. Über die Schulter zurückblickend, sprach ich zu ihm. Er starrte angestrengt in das Gras und versteifte sich noch mehr. Dann explodierte das Wachtelvolk zu meinen Füßen.

Eigentlich wollte ich ruhig bleiben und erst eine früh aufgeflogene Wachtel und dann eine spätere aufs Korn nehmen. Statt dessen wirbelte ich schnell herum, verhedderte meinen Fuß im Gras und wäre fast gefallen. Ich schrie »Halt«; doch Spud raste an mir vorbei, dann feuerte ich zweimal in die Luft. In solchen Momenten bin ich dankbar, daß meine Schrotflinte nur zwei Patronen faßt. Hätte ich vier oder fünf oder fünfzehn gehabt, wäre das Ergebnis dasselbe gewesen: viel Lärm, keine Wachteln und ein leeres Gewehr. Spud jagte den Wachteln nach. Natürlich konnte er keine erwischen; nur ein junger Hund mochte auf solche Ideen kommen. Zehn Minuten später kehrte er zurück, und seine Flanken hoben und senkten sich wie der Blasebalg eines Schmieds. Es wäre nicht fair gewesen, ihn dafür zu bestrafen, daß er den Vögeln nachgejagt war. Denn niemand war da, um mich zu bestrafen.

Wir saßen im Schatten der zwergwüchsigen Bäume, bis wir uns beide abgeregt hatten. Das Warten erfüllte aber auch den Zweck, den Wachteln eine Chance zu geben, genügend Witterung zu verbreiten, damit Spud sie aufspüren konnte. Im Unterschied zu einem Volk hinterläßt ein einzelner Vogel wenig Witterung und ist daher leicht zu verfehlen. Wir warteten zwanzig Minuten, und ich gelobte im stillen, für heute Schluß zu machen, wenn uns das Jagdglück hold war, um Spud eine gute Grundlage für seine nächste Lektion zu geben.

Wir folgten den Wachteln, und ich achtete darauf, daß Spud in der Nähe blieb. Er stöberte vor mir herum, und wir arbeiteten uns durch den Rest der

Bäume auf das unkrautüberwucherte Hirsefeld hinaus. Das Volk zählte vielleicht zwanzig Vögel, und ich war mir sicher, daß wir auf ein paar von ihnen stoßen würden. Spud hatte schon in Nebraska gezeigt, daß er eine recht gute Nase hatte. Wenn er einzelne Virginiawachteln aufspüren konnte, war ich schon zufrieden. Nun durchkämmten wir das Hirsefeld. Zweimal dachte ich, daß ich das Whörlihi einer einzelnen Wachtel gehört hätte, die nach dem Rest ihres Volkes rief. Der Ruf schien von weit draußen im Feld zu kommen, daher überraschte es mich, als Spud nicht einmal zwei Meter vor mir erstarrte. Doch er war schon zu nah herangekommen, und die Wachtel sprang in die Luft. Ich versuchte erst gar nicht, zu schießen, sondern rief sofort »Halt!«. Spud wollte der Wachtel nachstürzen; doch ich war schnurstracks zur Stelle, und er gehorchte und sah dem Vogel nach, als ob dieser ein Liebhaber war, der mit dem Zug davonfuhr. Ich legte meine Arme um ihn und streichelte seine Flanken. »Guter Junge!«

Als ich ihn wieder losschickte, lief er in die Richtung, in die der Vogel verschwunden war. »Laß sie!« rief ich, und er kehrte um und jagte in meiner Nähe. Er war kaum zwanzig Meter weit gekommen, als er vorstand. Dieses Mal sah er aus, als ob er wußte, was er tat: wie festgefroren, den Schwanz über dem Rücken gewölbt. »Leicht«, sagte ich und schob zwei Patronen in die Flinte. »Leicht.« Ich berührte ihn, als ich vorwärtsging. Als der Vogel hochschwirrte, schoß ich und ließ Spud ihn holen.

Spud brach so schnell durch die Hirse, daß er den toten Vogel überrannte. Aber er hatte die Witterung aufgenommen. Er wirbelte durch die Luft, und ich konnte ihn wie elektrisiert durch die trockenen Blätter der Mohrenhirse schnüffeln hören. Als er den Vogel fand, schnappte er schnell und heftig zu; doch als er ihn mir brachte, sah ich, daß die Haut gänzlich unversehrt war. Er war so glücklich, daß er am ganzen Körper wackelte und vor Freude winselte. Ich tätschelte ihm den Kopf und klopfte mir im Geiste auf den Rücken. Dann hörte ich wieder den Whörlihi-Ruf draußen im Hirsefeld. Doch ich widerstand der Versuchung. Ich hielt mein Versprechen, nahm Spud am Halsband, und wir zogen uns langsam aus dem Feld zurück.

* * *

Als ich ihr Lager erreichte, war es dunkel; doch weder Jim noch Kent waren von ihrer Falkenjagd zurückgekehrt. Ich ließ die Hunde frei und stellte Dolly auf die Waage. Am Tag davor hatte sie eine gute Mahlzeit gehabt; danach aber nichts mehr. Ein wohlgenährter Wanderfalke kann tagelang ohne Nahrung auskommen, bis seine Kräfte nachlassen. Ich versuchte, Dollys ideales Fluggewicht zu halten, indem ich ihr jeden Tag nur so viel wie eine Wachtel zu fressen gab. An diesem Abend wog sie 808 Gramm, ein gutes Gewicht, um ihre bislang schwierigste Beute zu jagen: Präriehühner am Ende der Saison. Ich fütterte die Hunde und rollte meinen Schlafsack neben Jims Wohnwagen aus. Dann ging ich in den Furchen des Wagens nach Norden, in die Richtung, aus der Jim vermutlich zurückkommen würde.

Es war trocken, klar und wurde rasch kälter. Riesig und orange ging der Mond auf und warf sein Licht durch die unsichtbaren Staubmassen von Texas. Ich war vielleicht das einzige menschliche Wesen weit und breit, aber nicht einsam. Ich fühlte mich heimisch ohne eine andere Person im Umkreis von Kilometern. Ich ging zum leeren Lager zurück, als im Westen Scheinwerfer auftauchten. Auf der Llano Estacado kann man elektrische Lichter viele, viele Kilometer weit sehen. Hier ist einer der wenigen Orte, die ich kenne, wo es keine gute Idee ist, auf die Lichter einer Farm zuzugehen, wenn man sich verirrt hat. Sie könnte zwanzig Kilometer weit entfernt sein. Folglich dauerte es lang, bis Jims Pick-up auf mich zufuhr. Ich stand mit ausgestrecktem Daumen in den Furchen der Räder, während er langsam über das Feld holperte. Im Scheinwerferlicht sprangen Känguruhratten hoch und huschten zwischen den Grasbüscheln umher. Dan und Lucky, Jims Jagdhunde, standen hinten auf dem Pick-up. Drinnen hinter dem Steuer saß Jim mit Seeker, seiner Gerfalken-Wanderfalken-Kreuzung, auf der rechten Faust. »Ich habe mich schon gefragt, ob du diese Woche auftauchen würdest«, sagte er. Als ich eingestiegen war, legte er mit der linken Hand den Gang ein und fuhr zum Lager.

Wir aßen Präriehuhn, nicht ganz durchgebraten, mit Zwiebeln, grünem Pfeffer und Tortillas. Das ist das beste, was man auf Erden essen kann. Dazu tranken wir Bailey's Irish Cream mit Soda, der einem Schokoladen-Dessert noch am nächsten kommt, wenn man keine Eiskrem hat. Und wir redeten – über Politik, Bücher, Umwelt, Filme, Frauen, Vogelhunde, Musik, alte Freunde, Pferde und die Eiskrem, die wir nicht hatten. Kent Carnie, dessen Wohnwagen in der Nähe stand, blieb an diesem Abend über Nacht in Lubbock, Texas. Die Flasche Irish Cream war leer und Mitternacht weit überschritten, als wir beschlossen, ins Bett zu gehen. Wir hatten schon alle Tonbandkassetten abgespielt, bis auf die, die er mir immer vorspielt, wenn ich ihn besuche. Er nennt es sein Band mit den Liedern toter Hunde. Das letzte, was wir taten, bevor wir in die kalte, klare Nacht der Llano hinausgingen, um meinen Schlafsack zu holen, war, uns in aller Ruhe »Old Bugler« und »Queen of the Rails« anzuhören.

Als ich endlich in meinen Schlafsack kroch und zum Himmel emporsah, fühlte ich mich sehr glücklich. In Ohio gab es solche Himmel nicht, und ich war dankbar, daß ich vor all den Jahren durch die Musterung gefallen war. Auf seltsame Weise wurde mir bewußt, daß ich hierher ins Exil gesandt worden war. Der Himmel über mir war derselbe, der über meinem Haus in South Dakota schien. Wenn die Luft in Denver klar war, sah Kris vielleicht zu denselben Sternen hoch. Tausende von Kojoten, Eulen und Nagetieren sahen in diesem Augenblick ebenfalls nach oben. Und irgendwo auf einem Baumstumpf über einem Präriefluß oder im Windschatten einer Sanddüne auf der Llano Estacado war ein wilder Wanderfalke vielleicht gerade aus dem Schlaf erwacht und streckte den Kopf unter seinem Flügel hervor, um zum Himmel zu blicken. Ich stellte mir jene Augen vor, jene andere Art zu sehen, die viele Visionen von den großen Ebenen aufwärtssandte. Ich stellte mir vor, wie all jene Perspektiven in der Luft über mir zu einer Vision verschmolzen. Als ich schließlich meine Augen schloß, schlüpfte ich mit der Hand unters Kopfkissen und stellte zum ersten Mal seit Monaten fest, daß ich vergessen hatte, die Pistole darunterzulegen. Ich schlief tief und träumte, daß Dolly in der stürmischen, salzigen Luft von Padre Island segelte.

* * *

Kent kehrte am Morgen zurück; so konnten Jim und ich Dolly und Seeker in seiner Obhut lassen und auf Wachteljagd gehen. Wir nahmen die beiden jungen Hunde mit, Spud und Lucky, und ließen Dan, Jims alten Setter, zu Hause, damit er sich für die wichtigere Aufgabe, am Nachmittag Präriehühner aufzuspüren, ausruhen konnte. Für einen Hund ist es eine schwere Aufgabe, vor Präriehühnern richtig vorzustehen, und Dan hatte als einziger die Erfahrung, mit ihnen richtig umzugehen. Die Wachteljagd mit dem Gewehr war eine Übung für das Vorstehen vor Präriehühnern unter einem anwartenden Falken.

Die Hunde machten ihre Sache gut. Wir erlegten genügend Vögel für einen Mittagssnack und für Jims Räucherkammer. Zurück im Lager, verschlangen wir gierig das leckere, weiße Fleisch, während die Falken nach dem Bad in der Sonne dösten. Ich war angespannt, weil Dolly heute zum ersten Mal Präriehühner jagen sollte, die zu den Rauhfußhühnern gehören. Sie sind die südliche Variante der Spitzschwanzhühner. Jeder Falke tut sich mit ihnen schwer, besonders aber ein kleiner Wanderfalke. Obwohl Dolly viele Enten, Fasane und Wachteln erlegt hatte, standen Rauhfußhühner auf einem anderen Blatt. Nur einmal hatte sie eines gejagt und sogar geschlagen, was aber ein Zufallstreffer gewesen war. Sie war eine fähige Jägerin; aber sie müßte schon Glück haben, um zu dieser Jahreszeit ein Präriehuhn zu töten.

Weil ein guter Hund für einen klassischen Falkenflug auf jede Art von Rauhfußhuhn unerläßlich ist, war ich froh, als sich Jim anbot, uns zu begleiten. Der Bestand der Präriehühner unterliegt starken Schwankungen. Das Wetter und die Art, wie das Land genutzt wird, können entscheidend beeinflussen, wieviele Vögel ausschlüpfen und überleben. In manchen Jahren findet man viele Hühner, in anderen kaum eines. In diesem Jahr gab es genügend; doch man sagte mir, daß man nach ihnen suchen mußte.

So brachen wir mit unseren Falken auf der Faust auf, und Dan machte herrliche, zweihundert Meter weite Streifzüge durch das Gras und das Winterlieb. Es gibt viele Arten von Jägern. Die einen sind vor allem am Schießen interessiert. Die anderen sehen den Falken gern fliegen. Und wieder andere wollen, wie Ortega y Gasset schreibt, nicht nur Zuschauer der Natur, sondern Teilnehmer sein. Das sind Menschen, die in der Beute mehr sehen als eine abstrakte Vorstellung eines Hirschen, Kaninchens oder eines Rauhfußhuhnes, Leute, die sich bemühen, das Wesen des Wildes, das sie aufspüren, zu erkennen und zu respektieren. Jim Weaver ist so ein Jäger. Als wir das Lager verließen, prüfte er den Wind, maß die Temperatur und nahm auf dem Hintergrund jahrzehntelanger Erfahrung viele andere Zeichen und Spuren wahr. Als wir dort, wo wir sie vermuteten, keine Hühner fanden, überlegte er neu und ging den Weg zurück. Wir beobachteten die Hunde und hofften, daß sie uns zu den Hühnern führen würden. Wir machten große Umwege, damit Dan gegen den Wind arbeiten konnte, wenn wir an die aussichtsreichsten Plätze kamen. Wir hielten die Augen offen, gingen und suchten. Aber wir fanden keine Hühner.

Zu diesem Zeitpunkt flehte Jim, wie jeder echte Jäger, seine Muse um Hilfe an. Inmitten einer riesigen Weide mit immergrünem Winterlieb blieb er stehen und hob, so gut es sich mit Seeker auf der rechten Faust machen ließ, seine Arme empor. »Okay, Gott. Wir sind jetzt gut fünfzehn Kilometer weit gelaufen. Willst du mir weismachen, daß es hier draußen keine Hühner gibt?« Dan war stehengeblieben und hatte sich niedergelegt. Die Rede schien ihm vertraut zu sein. »Wir wollen nicht viel. Wir brauchen zwei Hühner. Zwei lumpige Hühner. Nichts Besonderes für dich, aber für uns die reine Glückseligkeit. Ich habe mich stets bei dir bedankt. Du weißt, daß ich dir auch dieses Mal danken werde.« Er ließ die Arme sinken und streckte zwei Finger seiner freien Hand wieder hoch in die Luft. »Zwei Hühner. Das ist alles, worum wir dich bitten.«

Während Jims Rede stand ich zehn Meter von ihm entfernt; und als er fertig war, ging ich auf ihn zu. Ich hatte kaum zwei Schritte getan, als ein Paar Präriehühner vor meinen Füßen hochschwirrte. Sie gackerten davon in ihrem schlängelnden Gaukelflug, und wir beobachteten sie, bis sie gelandet waren. Das eine in hundert Meter Entfernung, das andere zweimal so weit.

Dolly war zuerst an der Reihe. Schnell verließ sie meine Faust und flog mit kräftigen Flügelschlägen gegen einen Wind, der mit etwa acht Stundenkilometern blies. Jim hatte sich das erste Huhn ausgeguckt, zwei Zaunpfosten berücksichtigt und setzte Dan darauf an. Dolly flog immer höher. Von der Entenjagd hatte sie gelernt, daß es am besten war, in den Wind hinein zu fliegen, damit er ihren Sturzflug mit seiner Kraft verstärken konnte. Sie flog mit dem üblichen Selbstvertrauen. Seit Wochen hatte sie bei jedem Flug Beute gemacht, aber noch keine Präriehühner gejagt; und Jim und ich wußten beide, daß sie dabei Lehrgeld zahlen würde. Dan stand wie versteinert vor. In der Hoffnung, daß ich die Hühner in Windrichtung aufscheuchen konnte, wandte ich mich dem Wind zu.

Als ich bereit war, die Vögel zu heben, befand sich Dolly in guter Position. Ich ging neben Dan her; und als das Huhn abhob, flog es dicht an ihm vorbei. Es gackerte und drehte sich.

Dollys Stoß war fast senkrecht. Sie glaubte, das Huhn wie eine Ente überwältigen zu können. Doch sie schlug es nicht wie gewöhnlich. Sie streifte es nur mit einem Flügel, als das Huhn sich wie eine Tonne einmal herumdrehte, um ihrem Griff zu entgehen. Sie steilte auf und erwartete, daß der Vogel aufgab und zu Boden krachte. Doch das Huhn kam erst richtig in Fahrt. Nach der Drehung änderte es seine Richtung und flog gegen den Wind, wobei ihm seine kurzen, kräftigen Schwingen einen klaren Vorteil verschafften. Dollys zweiter Stoß war vergleichsweise schwach und endete damit, daß sie dem entschwindenden Präriehuhn erfolglos hinterherflatterte.

Wir hatten so etwas Ähnliches erwartet. In diesem Stadium waren Rauhfußhühner vielleicht noch zu schwierig für Dolly; und obwohl wir es wieder versuchen würden, wußte ich, daß sie als freier Vogel wahrscheinlich gar nicht in die Verlegenheit käme, eines zu schlagen. Ihr Leben würde von ihrer Fähigkeit abhängen, kleinere Vögel zu fangen. Ich lockte sie mit dem Federspiel herunter. Sie hatte jetzt lange Zeit nicht mehr getötet. Nachdem ich sie hochgenommen und verhaubt hatte, ging ich zu Jim, der Seeker die Kappe abnahm, und schickte Dan los, um das zweite Huhn aufzustöbern.

Die meisten Leute hätten wohl große Schwierigkeiten, Dolly und Seeker auseinanderzuhalten; und doch sind diese Falken grundverschieden. Auffallend sind die kürzeren Schwingen des Gerfalkens, die schneller und kraftvoller schlagen als die des Wanderfalkens. Seeker hatte schon Hunderte von Präriehühnern getötet und wußte genau, was zu tun war. Zielbewußt arbeitete er sich in den Wind hinein und flog gut hundert Meter über dem vorstehenden Hund hoch. Er beobachtete Jim über die Schulter, während er weiter mit den Schwingen schlug.

Als das Präriehuhn hochschwirrte, schnellte er zurück und ging mit blitzschnellen Flügelschlägen in die ersten siebzig Meter des Sturzfluges. Mit dem Ergebnis, daß das Huhn keine Zeit für das Ablenkungsmanöver fand, das Dolly verwirrt hatte. Seeker schlug das Huhn so hart, daß ich den Knall noch hundert Meter weiter eindeutig hörte. Das Huhn taumelte, fiel drei Meter herunter, gewann die Kontrolle wieder und schoß vorwärts. Das hatte Seeker vorausgesehen und sich in Position für den zweiten Stoß gebracht. Das Huhn merkte, daß es keinen unerfahrenen Wanderfalken vor sich hatte, und suchte Deckung. Seeker schien zu wissen, wo es hinflüchtete und spurtete dem Huhn nach auf eine überwucherte Sanddüne am Horizont zu. Sie waren fast außer Sichtweite, als ich durch meinen Feldstecher sah, wie Seeker aufholte und das Huhn erneut traf, gerade als sie die Düne erreicht hatten.

Sie waren fast einen Kilometer weit geflogen, und Jim mußte den Fernempfänger holen, um sie zu orten. Dann saßen wir fünf Minuten lang still im Sand und beobachteten, wie Seeker das Huhn fraß, bevor Jim aufstand. »Nun«, sagte er, »versprich mir, daß du niemandem davon erzählst.« Ich nickte. »Kaum zu glauben, wie oft das klappt«, sagte er und sank auf die Knie. »Danke«, sagte er. Wieder sprach Jim zu Gott; aber ich bemerkte, daß er Sand in den Händen hielt und die Stimme nach unten richtete, als ob er die Erde meinte.

Als wir ins Lager zurückkehrten, trafen wir auf Mack Kizer. Er ist der Besitzer des Landes, auf dem wir kampierten und jagten. Mack ist ein Farmer und ein guter dazu. Er weigert sich, irgend etwas zu tun, das dem Land schaden könnte. Macks Vater war Farmer, und er selbst hat heute vier Söhne. Aber sein Land und sein Leben sind gefährdet.

An diesem Abend sprachen wir über den Nachbarn (er lebt eigentlich in der Stadt und ist Geschäftsmann), der das Land, das an Macks Besitz angrenzt, im Rahmen eines Regierungsprogramms umgepflügt hat, obwohl er weiß, daß er nie eine Ernte einfahren wird.

Der lose Sandboden ist auf Macks Besitz hinüberge-
weht und hat seinen Zaun vollkommen eingehüllt.
Wir waren uns einig, daß dies ein Verbrechen gegen
uns alle war, das von der Regierung geduldet und
sogar gefördert wurde. Wir sahen einem so entsetzli-
chen Problem ins Auge, der subventionierten Deserti-
fikation, daß wir verstummten.

Aber dann brutzelten die Präriehühner und Wachteln mit den Zwiebeln in der Pfanne. Jim hatte in
einem Backsteinofen Maisbrot gebacken, und Kent
war mit frischem Brokkoli aus Lubbock zurückgekommen. Wir überredeten Mack, zum Essen zu bleiben und von seinen Söhnen zu erzählen. Im Moment
hatten sie vor allem Basketball im Kopf; der Älteste
jedoch interessierte sich schon für die Mädels. »Ja«,
sagte Mack in seiner schüchternen Art, »am Freitag hat
er ein Rendezvous.« Stolz und offenkundige Besorgt-
heit lagen in seiner Stimme, als Mack uns auf diesem
Wege mitteilte, daß es bald eine neue Generation
junger Familien auf seinem Land geben würde. Das
machte ihn stolz. Aber zugleich sorgte er sich um die
Zukunft der nächsten Generation. Er fragte sich, ob sie
noch Farmer werden konnten. Er fragte sich, ob seine
Söhne auf dem Land bleiben konnten.

* * *

An jedem Tag der nächsten Woche gingen wir auf
Wachteljagd, und Spud wurde immer professioneller.
Jeden Nachmittag jagte Dolly Präriehühner. Sie flog
kräftig, blieb eine Stunde lang oben und verfolgte die
Hühner über große Entfernungen. Oft traf sie sie so

hart, daß sich die Federn lösten, und trieb sie zu Boden. Aber sie fing keines. Zwei Tage vor unserer Abreise nach Padre Island fanden wir eine Gruppe von etwa hundert Präriehühnern in einem Sorghumhirsefeld. Aus großer Höhe stieß sie sechs von ihnen nieder; aber alle rappelten sich wieder auf und brachten sich in Sicherheit, bevor Dolly sie am Boden greifen konnte.

Ich war entmutigt, aber Dolly flog munter weiter. Am Tag vor unserem letzten Versuch gab ich ihr nichts zu fressen, so daß sie sehr hungrig, aber noch nicht entkräftet war. In freier Wildbahn würde sie sich vielleicht oft in diesem Zustand befinden – oder eben nur noch einmal. Dieser letzte Abend war eine Art Generalprobe für den Tag, an dem sie nicht mehr auf mich oder das Federspiel zählen konnte.

Ich fuhr zu dem Feld zurück, wo wir den riesigen Schwarm gesehen hatten, und setzte mich, auch wenn diese Art zu jagen minderwertig war, an den Rand der Mohrenhirse und wartete darauf, daß der Hunger die Hühner wieder hertreiben würde. Während ich wartete und auf jede Bewegung in der Luft achtete, flogen Lerchenstärlinge auf dem Feld herum, auf der gegenüberliegenden Seite des Hirsefeldes fing ein Kojote Mäuse, rostrote Bussarde saßen auf den Strommasten in der Ferne, und Weihen suchten das flache Land nach kleinen Vögeln und Nagern ab. Es war ein herrlich klarer Nachmittag, und alle Lebewesen schienen in der letzten Wärme des Tages auf Nahrungssuche oder beim Spiel zu sein.

Als die Sonne tiefer sank, wurde es kühler, und ich dachte schon, daß die Präriehühner an diesem Abend ausbleiben würden. Schon wollte ich aufgeben, zum Lager zurückfahren, Dolly füttern und mich für die lange Fahrt nach Padre Island fertigmachen; da überkam mich eine unheimliche Stille. Es war, als hätte ich das Gehör in meinem anderen Ohr verloren, als ob der Luftdruck plötzlich abgefallen sei. Noch bevor ich wußte, was da vor sich ging, herrschte ein Schwirren in der Luft, das zu einem Pfeifen von hundert Schwingenpaaren wurde, als der ganze Schwarm Präriehühner direkt über meinen Kopf flog. Ein paar gackerten und drehten sich, und ich vernahm Dollys Glöckchen hinten auf dem Laster.

Sie ließen sich weiter draußen im Hirsefeld nieder. Ich merkte mir die Stelle und beobachtete sie eine Weile durch den Feldstecher. Ein paar Hühner sprangen in einem Schaukampf in die Luft, ein paar pickten an den Überresten der Hirse, und manche ruhten sich einfach zwischen den Reihen aus. Ich machte Dolly zum Fliegen fertig. Dann nahm ich ihr hinter dem Pick-up die Haube ab, um sie vor den Hühnern abzuschirmen. Obwohl ich sie nicht beobachtete, spürte ich, daß sie kurz davor war, ihre Flügel auszubreiten. Wenn man sich konzentriert, kann man fühlen, wie der Wanderfalke leichter wird, bevor er die Faust verläßt. Es ist die Erwartung des Fluges, die Entschlossenheit, die das bewirkt. Wenn man nicht hinsieht und sich nur auf das Gefühl verläßt, würde man schwören, daß sie sich irgendwie mit der Luft vermischen, einfach leichter werden, bis die Schwerkraft aufhört zu existieren.

Dolly verließ meine Faust so schnell, als hätte sie sich in Luft aufgelöst; doch durch den Feldstecher sah ich, daß sie für die Präriehühner, die sich niederkauerten, als sie sie bemerkten, noch sehr real war. Ich stellte mich neben einen Mesquitbaum, von wo ich einen geraden Weg zu den Hühnern hatte. Langsam ging ich auf sie zu. Und Dolly flog so kraftvoll wie nie zuvor. An diesem Tag war sie auch so hungrig wie nie zuvor. Sie flog wie ein wilder Falke, als ob ihr Leben davon abhinge.

Dolly zog zwei weite Kreise, um an Höhe zu gewinnen; dann wurde ihr Ringholen enger, und sie blieb genau über meiner rechten Schulter, während ich mich den Hühnern näherte. Ihre Kreise wurden sehr klein; aber sie flog immer noch höher und legte die Schwingen nicht an. Ich behielt sie im Auge, und sie mich. Als ein Huhn weit links von mir aufflog, kippte sie leicht, ging aber nicht in den Sturzflug. Sie hatte gelernt, daß sie nur dann Erfolg haben konnte, wenn das Hochmachen der Vögel perfekt gelang. Ich machte noch einen Schritt, und zwei weitere Hühner schwirrten hoch. Sie stieß nieder, und der ganze Schwarm vor mir hob sich in die Luft.

Die Luft war erfüllt vom Gackern und Schwirren der Präriehühner. Sie waren überall, zerstreuten sich in alle Winde; doch eins fiel mir auf, und ich wußte, daß sich Dolly dieses besondere Huhn ausgesucht hatte. Alles andere war wie ausgelöscht: der Lärm, die brausenden Flügel, der Wind. Ich sah nur noch zwei sich einander annähernde Punkte. Es schien ewig zu dauern, und weder die gerade Bahn des Präriehuhns noch die leicht bauchige Kurve des niederstoßenden Wanderfalkens ließen die Geschwindigkeit ahnen. Erst als das Präriehuhn in einem Wust von Federn explodierte, begriff ich die Gewalt des Zusammenstoßes.

Das Präriehuhn tat keinen Flügelschlag mehr, sondern krachte zu Boden und schnellte einen Meter hoch, bevor es sich ausrollte. Dolly steilte auf und ließ sich dann nieder. Doch diesmal war ich überzeugt, daß sich das Präriehuhn nicht mehr rühren würde. Der Stoß hatte es fast getötet. Als Dolly es am Kopf packte, bebte es nur noch leicht und lag dann still. Ein Schauer flaumiger Federn trieb in dem leichten Wind auf das Stoppelfeld hinaus, und winzige Flaumstückchen verfingen sich in meinem Haar.

Jim wußte, wovon ich sprach, als ich ihm am Abend von dem Flug erzählte. Lange Zeit schwiegen wir. »Sie ist soweit, das Wagnis zu beginnen.« Und ich wußte, daß er damit meinte, daß ich das Menschenmögliche getan hatte, sie zu einem wilden Wanderfalken zu machen. Und wir beide wußten, daß ihre Überlebenschancen gering waren. So viele Dinge konnten schiefgehen. Es war ein Wunder, daß in unserer Welt überhaupt irgend etwas überlebte. Wir beide hatten unsere Erfahrungen mit der Freilassung junger Wanderfalken. Was also bildete ich mir eigentlich ein? War ich auch so ein dummes Menschenkind mit einer anthropozentrischen Weltsicht?

LAGUNA MADRES

Erst am späten Nachmittag verließen wir das Lager. Ursprünglich hatte ich vorgehabt, die ganze Nacht durchzufahren, weil ich Dolly so bald wie möglich an die Küste bringen wollte. Doch gegen fünf Uhr morgens, als es im Osten gerade hell wurde, überwältigte mich die Erschöpfung. Ich fuhr von der Straße ab und beschloß, ein oder zwei Stunden auszuruhen. Als ich einschlief, kam der Traum wieder: Padre Island, all die Vögel und Gräser und Sträucher. Salzige Gischt auf meinen Lippen, das stetige Rauschen der Brandung und Dolly auf meiner Faust. Sie trug kein Geschüh mehr, starrte mit schwarzen Augen über den Golf von Mexiko und nahm meine Gegenwart nicht mehr zur Kenntnis. Die männliche Spießente wartete auf dem Teich, gleich hinter der Anhöhe. Ich konnte sie nicht sehen.

Dolly stürzte sich in den Seewind und flog schräg von mir weg über die Sanddünen. Dann fand sie eine Thermik, breitete die Flügel aus und segelte hoch. In meinem Traum konnte ich sie immer noch deutlich wahrnehmen. Doch ihren Stoßflug sah ich wieder nicht. Ich scheuchte den Erpel auf, wandte mich ab und ging langsam zum Pick-up zurück, wo die Hunde auf mich warteten, um nach Hause zu fahren.

Immer noch müde, erwachte ich mit dem Gedanken an die lange Fahrt nach Norden. Um zehn Uhr jedoch war ich bereit, mit Dolly zu jagen. In der Umgebung von San Antonio hatte es heftig geregnet, und die überfluteten Felder waren voll von Regenpfeifern und Schnepfen. Ich nahm Dolly auf die Faust, ging fast einen Kilometer und ließ sie fliegen. Mit voller Kraft schwang sie sich in den leichten Wind; und weil es früh am Tag und sie nicht hungrig war, spielte sie in der Luft. Ich lehnte auf der Haube des Pick-ups und beobachtete sie. Sie vollführte einen langen, spielerischen Flachstoß auf die Regenpfeifer am Rand eines Feldes. Selbst aus einer Entfernung von fast einem Kilometer konnte ich die Vögel kreischen hören. Aber Dolly meinte es nicht ernst.

Schließlich zog sie nordwärts und fand eine Thermik, die sie bis zu einer Höhe von vielleicht dreihundert Metern hochsegelte. Dann brach sie aus und flog auf eine Pfütze zu, in der mehrere Regenpfeifer und Schnepfen bewegungslos standen. Langsam ging ich über die Straße, bis ich genau unter Dolly stand, kletterte über den Zaun und rannte auf das Wasser zu. Die Regenpfeifer und Schnepfen schwirrten wie Fledermäuse hoch. Dolly vollführte einen Korkenziehersturzflug und pflückte eine Schnepfe elegant aus der Luft. Sie breitete die Flügel aus und segelte mit der Schnepfe in den Fängen hundert Meter im Gleitflug dahin. Sie landete auf einem kleinen, trockenen Hügel und durfte sich an der ganzen Schnepfe gütlich tun, bevor ich sie hochnahm und in den Pick-up stieg, um nach San Antonio zu fahren.

Ich hatte vor, in einem Motel abzusteigen und mich gut auszuschlafen. Ich wollte nicht in die Stadtmitte fahren, verpaßte aber eine Abfahrt und fand mich mitten im Verkehrsgewühl wieder. Dann sah ich den San Antonio River, der sich zwischen den hohen Gebäuden hindurchschlängelte, und wußte, daß er mich in die Außenbezirke der Stadt bringen würde. Aber erst einmal führte er mich an The Alamo vorbei.

Wie jedermann hatte ich von The Alamo gehört. Ich hatte Fess Parker in der Rolle des Davy Crockett gesehen. Und wie viele andere war ich der Meinung, das Ganze sei Käse und melodramatisch. Doch ich hatte das Gebäude der Missionsstation nie gesehen. Sobald ich seiner ansichtig wurde, wie es klein und verloren an der Straße stand, wußte ich, daß ich anhalten mußte. Im Vorbeifahren sah ich nach hinten und wechselte die Spur. Ein mexikanischer Amerikaner drückte wie wild auf die Hupe. Sein Geschimpfe auf spanisch, das durch mein geöffnetes Fenster drang, nervte mich, und ich fuhr fast verkehrt herum in eine Einbahnstraße hinein. Dann entdeckte ich wie durch ein Wunder ein Motel. Ich fuhr vor und nahm mir ein Zimmer. Ich hatte Schlaf nötig, und dieses Motel war nur zwei Blocks von The Alamo entfernt.

Nachdem ich mich vergewissert hatte, daß Dolly, Spud und Jake sich im hinteren Teil des Pick-ups wohlfühlten, besuchte ich die Alamo. Obwohl ich immer noch glaubte, daß es eine Touristenfalle war, ging ich hinein und studierte die Geschichte der alten Mission und der Belagerung, die sie berühmt gemacht hatte. Am Anfang klang alles sehr vertraut: Einhundertundzweiundachtzig Männer starben für die Unabhängigkeit von Texas. Wieder so eine patriotische Gedenkstätte, dachte ich. Doch es war mehr als das. Ich erfuhr, daß hier bis zuletzt Kuriere ein und aus gingen. Ein Mann, Bonham, brachte die letzte Mitteilung der Außenwelt. Die Botschaft hieß einfach, daß keine Hilfe unterwegs war. Bonham erstattete Meldung und blieb mit dem sicheren Tod vor Augen in der Mission. In Wirklichkeit hätten sie alle jederzeit gehen können, aber sie waren entschlossen zu bleiben. Zweiunddreißig Männer erkämpften sich um die elfte Stunde der Belagerung sogar den Zugang *in* das belagerte Fort, um dort zu sterben. Im Eiltempo ritten sie aus der Stadt Gonzales, um dort zu sein, bevor Santa Ana das Fort verrammelte.

Als ich über den zweihundert Jahre alten Steinboden schritt und eine bronzene Tafel nach der anderen las, wurde mir bewußt, daß dies ein Mahnmal an eine andere Art von Krieg war, als ich ihn kannte. In The Alamo gab es keine Wehrdienstpflichtigen oder Andersdenkende. Viele waren nicht einmal Texaner; sie kamen aus Tennessee, Kentucky, Ohio, New York, England, Deutschland, Irland, von überall und nirgendwo. Die meisten waren erst ein paar Monate in Texas. Ich las, daß sie gestorben waren, ohne überhaupt zu wissen, daß Texas die Unabhängigkeit erklärt hatte. Sowohl die Angreifer als auch die Verteidiger der Alamo hatten die mexikanische Fahne gehißt.

Ich konnte keine politischen oder wirtschaftlichen Gründe für diesen Akt kollektiven Wahnsinns erkennen. Ich las die Berichte der Verteidiger, die auf jenen alten Steinwänden ausgestellt waren. Sie waren Männer der Frontier und Abenteurer, die vielleicht zum ersten Mal etwas gefunden hatten, das sie vereinte. Die Tafeln behaupteten, daß sie für Texas gestorben seien. Ich bezweifelte das. Als ich The Alamo verließ und in den Nachmittag von San Antonio hinaustrat, schien es mir wahrscheinlicher, daß jene einhundertzweiundachtzig Männer starben, weil sie sich in einer veränderten Welt nicht mehr zurechtfinden konnten. The Alamo war bloß ein Vorwand.

Mein Besuch in der alten Missionsstation hatte mich noch mehr ermüdet; dennoch schlenderte ich in den Straßen von San Antonio herum, bis es dunkel wurde. Ich stieß wieder auf den Fluß, ging am Ufer entlang, an Läden und Restaurants vorbei, und aus den Bars erklang spanische Musik. Auf dem Bürgersteig aß ich Enchiladas und beobachtete weißgekleidete Ladies am Arm dunkler Gentlemen. Dann überkam mich die Müdigkeit, und ich kehrte zum Motel zurück. Aus irgendeinem Grund nahm ich Dolly, Spud und Jake mit ins Zimmer und ging zu Bett.

Doch ich schlief unruhig und war um drei Uhr morgens hellwach. Irgendwie dachte ich an den Morgen, als ich mein linkes Ohr an die Schrotflinte gehalten und abgedrückt hatte. Im Dunkeln stellte ich mir vor, wie der Knall die Nervenfasern der Cochlea so beschädigte, daß sie nicht mehr heilten. Ich lag im Finstern und fühlte meine Stirn feucht werden. Dann spürte ich, wie ein Hund sacht auf mein Bett sprang und sich liebevoll an meine Seite legte. Ich streckte den Arm aus und berührte Jakes großen, alten Kopf. Er war weich und kräftig und in diesem Moment der beste Trost, den ich mir vorstellen konnte.

* * *

Doch ich fand keinen Schlaf mehr und fuhr um fünf Uhr schon wieder auf der Interstate 37 nach Corpus Christi und Padre Island. In Pleasanton bog ich von der Interstate ab und steuerte geradewegs nach Süden auf Freer zu. Inmitten der County McMullen fand ich eine Schotterstraße, die ostwärts in eine Gegend voller

Kakteen führte. Ich sah kleine texanische Weißwedel-
hirsche, und einmal dachte ich, ich hätte eine wilde
Sau oder einen Eber gesehen, der über den Weg lief
und in den dornigen Büschen des Straßengrabens
verschwand.

Fast eine Stunde lang fuhr ich auf dieser Straße,
bevor ich fand, was ich suchte. Ein schlammiger Pfad
führte links ab, und einen halben Kilometer weit
nördlich konnte ich ein paar verlassene Gebäude
sehen. Das war vermutlich ein privates Wachteljagdre-
vier; daher versteckte ich den Pick-up hinter einem
alten Getreidespeicher. Immer wieder hört man
schreckliche Geschichten, was mit Wachtelwilderern
in Texas geschieht; doch dies war Spuds letzte Chance
in diesem Jahr, und es war zu früh für die meisten
Leute, um draußen zu sein und ihr Land zu überwa-
chen. Außerdem hatte ich beschlossen, auch wenn ich
seit Monaten zahllose Regeln und Vorschriften befolg-
te, Dolly mit oder ohne Erlaubnis freizulassen. Eine
weitere Gesetzesübertretung schien nach dieser Entscheidung eine Kleinigkeit zu sein. Ich fühlte mich
sogar wohl dabei.

Ich baute die Doppelflinte zusammen und ließ die
Hunde frei. Jake trabte hinter Spud her, kehrte aber zu
mir zurück. Spud streifte über ein Bohnenfeld voller
Unkraut und rannte gegen den Wind auf eine Reihe
Bäume zu. Im Zickzack lief er um ein Unterholzdik-
kicht nach dem anderen herum. Ab und zu sprang er
hoch in die Luft, so daß er über das dichte Gestrüpp
sehen konnte. Bei diesen Sprüngen schien er lange
Zeit in der Luft zu bleiben, und seine schwarzweißen
Ohren flatterten, als ob er flog. Als er mir über den

Weg lief, wandte er sich dem Wind zu und erstarrte. Dann bewegte er sich vorsichtig vorwärts und blieb stocksteif stehen.

Er stand vor und scheuchte ein Volk von Wachteln auf, von denen ich zwei erlegte. Ich schickte die Hunde zum Apportieren los und dann zum Weitersuchen. Wir stießen auf drei einzelne Vögel, die ich abschoß. Unter einem alten Mähdrescher fand sich noch ein Volk, und ein weiteres am Rand des Bohnenfelds. Spud stand immer vor, Jake apportierte, und ich schoß, bis mir die Patronen ausgingen. Als wir zum Pick-up zurückkehrten, hing den Hunden die Zunge aus dem Maul, und ihre Flanken zitterten. Wir fuhren nach Freer und dann in östlicher Richtung nach Alice.

Es war fast dunkel, als ich Corpus Christi erreichte. Die Stadt hatte sich verändert, aber dort, wo der Padre Island Drive auf einem Damm die Laguna Madres überquert, war alles noch so, wie ich es in Erinnerung hatte. Vom Damm aus auf der anderen Seite der Insel liegt Padre Island National Seashore, ein Naturschutzgebiet. Hier wollte ich hinter den Dünen unser Lager aufschlagen, so daß die Laguna Madres ganz nah und der Ozean immer noch in Sicht war. Am Morgen wollte ich den Teich und den Spießenterich, von dem ich geträumt hatte, suchen. Weil die Küste ein Nationalpark war, durfte man hier natürlich nicht jagen, auch nicht mit einem Falken, dessen Verwandte zu Hunderten auf der Insel jagten und hier Station machten, bevor sie ihre Reise über den Golf von Mexiko hinweg fortsetzten. Wenn ich Dolly an der Küste fliegen lassen wollte, mußte ich das gut vorbereiten:

zuerst den Teich finden, nach dem ich suchte, und dann sehr früh am nächsten Morgen aufbrechen, bevor es hier von Menschen wimmelte.

Gerade als die Lichter der Hochseeschiffe am Horizont des Ozeans aufleuchteten, fand ich einen Lagerplatz, den letzten auf dieser Reise. Ich schlug das Zelt auf und sammelte Treibholz für ein Feuer, während die Hunde am Strand hin und her liefen. Ich versuchte, mich genau zu erinnern, wo ich jenen ersten Sturzflug des Wanderfalkens durch den Sanderlingenschwarm gesehen hatte. Das Bild stand mir noch vor Augen, aber ich wußte nicht mehr, wo genau es gewesen war. Das einzige, was ich nach all den Jahren noch deutlich im Gedächtnis behalten hatte, war der Falke und das Gefühl, das er mir vermittelt hatte.

Ich saß am Feuer, röstete Wachteln, während die Hunde im Sand schliefen, und bemühte mich, den Weg unserer Wanderung zurückzuverfolgen. Statt dessen kam mir immer wieder das Bild eines bestimmten granitenen Felsturms in den Sinn. Es war ein Gipfel am Oberlauf des Adobe Creek im San Isabel National Forest im südlichen Colorado, der früher vermutlich den Wanderfalken als Brutplatz gedient hatte. Ein Freund von mir und ich wollten die Spitze des Felsturms für eine Freilassungskiste vorbereiten, die am nächsten Tag mit dem Helikopter hochgeflogen werden sollte. Mein Freund hatte vor kurzem geheiratet. Er und seine Frau hatten ein Haus gekauft, und er sprach über nichts anderes mehr. Die Falkenkiste auf den Felsen zu bringen, war unser letzter Job in diesem Sommer, und er sehnte sich nach seiner Frau und seinem Haus.

Wir marschierten am Adobe Creek entlang, und als wir den Fuß des Felsturms erreicht hatten, brach die Sonne durch die Wolken. Vor uns lag ein leichter, gut zehn Meter hoher Aufstieg, wie wir ihn schon hundertmal zusammen bewältigt hatten. Ich scherzte, als ich losging, und hätte nie daran gedacht, das Seil, das ich im Gepäck mitführte, zu benutzen.

Sobald ich den relativ flachen Gipfel des Felsens erreicht hatte, suchte ich nach dem besten Platz für die Freilassungskiste. Ich bemühte mich, festzustellen, aus welcher Richtung die vorherrschenden Winde wehen würden und wo die Kiste am ehesten von der Begleitmannschaft beobachtet werden konnte; daher bemerkte ich erst nach einiger Zeit, daß mein Freund nicht nachgekommen war. Als es mir auffiel, ging ich zum Felsrand zurück und sah hinunter. Er stand auf einem Vorsprung nicht einmal drei Meter unter mir und klammerte sich an eine Spalte, als ob sein Leben davon abhinge. Mein erster Gedanke war, daß er sich einen Spaß mit mir erlaubte. Er brauchte nur auf den nächsten Vorsprung zu gehen und hochzukrabbeln. Doch als er hochsah, merkte ich, daß es kein Scherz war. Er war kreidebleich und machte einen schwachen Versuch zu lächeln. Aber das Lachen blieb ihm im Halse stecken. Mit Mühe versuchte er, seinen ganzen Mut zusammenzunehmen und hochzuklettern.

»Brauchst du ein Seil?« fragte ich.

Wieder versuchte er ein Lächeln und schüttelte den Kopf, weil er vermutlich dachte, daß ich mich über ihn lustig machen könnte. Ich sah, wie seine Knie zitterten. »Ich werfe dir ein Seil runter«, sagte ich. »Sei nicht albern!«

Schließlich stimmte er zu und saß Sekunden später auf einem Stein oben auf dem Felsen. »Ich weiß nicht, was passiert ist«, sagte er. »Ich konnte mich einfach nicht mehr bewegen. Ich war wie erstarrt.«

Ich versuchte, mit einem Lachen darüber hinwegzugehen. »Kann jedem passieren«, sagte ich.

»Nicht bei einer so leichten Sache«, sagte er. »Ich weiß einfach nicht, was mit mir los war. Ich kletterte wie immer hoch und begann, an das neue Haus zu denken. Daran, daß ich es vielleicht nie wiedersehen würde, wenn ich abstürzte.«

Was er sagte, entsprach nicht ganz der Wahrheit. Wir waren nicht hoch genug, um lebensbedrohlich abzustürzen. Doch als ich ihn so bleich und zitternd da sitzen sah, merkte ich, daß ihm zum ersten Mal bewußt geworden war, daß er etwas zu verlieren hatte. Er wich meinem Blick aus, als ob er meine Verachtung fürchtete, daher blickte ich zur Seite. Da saß er nun, fühlte sich schlecht, durcheinander und schämte sich, weil er vor Angst erstarrt war. Und da stand ich und blickte meilenweit über die leere Landschaft, ließ mir den scharfen Wind ins Gesicht blasen und fühlte mich plötzlich schlecht, weil mir nicht dasselbe passiert war.

Während ich jetzt am Strand von Texas saß und auf das Meer hinausblickte, dachte ich an die kleine Ranch in South Dakota und an Kris. Sie hatte mich einmal gefragt, wonach ich suchte. Ich hatte ein paar Worte gemurmelt, die sie wahrscheinlich nicht befriedigt hatten. Aber sie fing nie wieder davon an; sie wußte, daß ich keine vernünftige Antwort wußte. Dann sah ich mein kleines Lager an, die friedlich schlafenden Hunde, die über einem Feuer brutzelnden Wachteln und das Meer dahinter. Das war ein Teil der Antwort. Aber nur ein Teil davon.

* * *

Gut ausgeschlafen, erwachte ich am nächsten Morgen und blockte Dolly in der salzigen Luft auf, als sich die Sonne aus dem Meer erhob. Heute plante ich, die sumpfigen Ebenen abzusuchen, in die sich die Touristen und die Ranger des Nationalparks selten verirrten. Wenn ich den richtigen Platz gefunden hätte, würde ich mit Dolly über den Damm zum Festland zurückfahren und sie noch einmal Schnepfen jagen lassen. Am Abend wollte ich zum Lager zurückkehren und sie früh am nächsten Morgen zum letzten Mal für die Jagd auf die Ente vorbereiten, die ich heute zu finden hoffte.

Wieder brutzelten Wachteln in der Pfanne, als Dolly ihr Bad nahm. Als sie trocken war, packten wir uns alle in den Laster und fuhren den Strand entlang an eine Stelle, wo ich den Pick-up in die Sanddünen bugsieren konnte. Ich schloß ab, weil es hier viel Verkehr gab, und ging mit dem Feldstecher und einer Wasserflasche über den Sand an einen einsameren Ort, wo Baggerarbeiten Teiche und Kanäle hinterlassen hatten, die die Spießente, von der ich geträumt hatte, beheimaten konnten.

So unwahrscheinlich es schien: Ich ging an den Überresten eines Pferchs vorbei, an einem aufgegebenen landwirtschaftlichen Unterfangen. Es gab hier so wenig Gras, daß es kaum zu glauben war, daß jemand hier eine Ranch hatte betreiben wollen. Doch die

Hurrikans hatten dieses Land verändert seit der Zeit, als hier Vieh graste; vielleicht war es einmal dafür geeignet gewesen. Es war ein langer Marsch über die sandigen und sumpfigen Ebenen bis zu den Teichen. Die ersten Tümpel waren enttäuschend; keine Enten schmückten die Wasseroberfläche. Doch in den ausgebaggerten Erdhaufen fand ich eine Sandsteinrose, ein seltsames graues Bergkristall, fast so groß wie ein Tennisball. Ich machte sie sauber und betrachtete ihre tausend Facetten. Ich hielt sie so, daß die glatten Flächen das Sonnenlicht wie ein Diamant reflektierten. Die Sandsteinrose war eindeutig ein gutes Omen; und als ich auf den nächsten Erdhaufen hinaufkletterte, sah ich durch den Feldstecher eine einzelne männliche Spießente in der Mitte eines Teichs herumpaddeln. Alles war wie in meinem Traum. Sie hatte auf uns gewartet und würde sicher auch am nächsten Morgen noch da sein.

Kurz nach Mittag war ich zurück. Die Sonne hatte gerade begonnen, das Dach des Pick-ups aufzuheizen; aber innen war es immer noch kühl. Dolly, Jake und Spud fühlten sich wohl. Ich bewegte den Wagen vorsichtig auf den Strand zurück und machte mich auf den Weg zum Festland. Jetzt füllte sich der Strand mit Touristen und Fischern. Wir fuhren an einem Park-Ranger in einem grünen Pick-up vorbei, und ich war mir sicher, daß er Dolly und mich am nächsten Morgen nicht erwischen würde. Alles war klar: noch ein Flug auf die Schnepfen, und dann sollte sie ohne Geschüh, Bellen oder Sender fliegen. Meine Reise war fast am Ende, ihre vielleicht erst am Anfang.

Wir fuhren über den Damm und durch Corpus Christi. Dann fanden wir eine unbefestigte Straße nach Bishop und hielten nach einem weiteren überfluteten Feld mit Schnepfen und Regenpfeifern Ausschau. Es war halb vier, als wir schließlich das fanden, was wir suchten. Ich beschloß, daß Dolly eine ganze Schnepfe fressen dürfte, wenn sie eine finge. Ich würde sie nicht noch einmal wiegen; von jetzt an konnte sie ihr Gewicht selbst bestimmen.

Als ich Dolly aus dem Pick-up nahm, schienen die Hunde nicht interessiert zu sein. Vielleicht wußten sie, daß ihre Saison vorüber war. Aber Dolly sah, als ich ihr die Haube abnahm, so lebhaft und erregt aus, wie ich sie nie zuvor gesehen hatte. Das Fleisch um die Augen herum hatte ein dunkles Gelb angenommen, und ihr Gefieder glänzte in tiefem Schwarz. Anmutig hob sie von meiner Faust ab; in Sekundenschnelle war sie fünfzig Meter weit geflogen und gewann an Schnelligkeit und Höhe. Eine Minute später hatte ich sie am nördlichen Horizont fast aus den Augen verloren. Fünf Minuten später flog sie hoch oben über meinem Kopf zurück weit nach Süden.

Und die ganze Zeit stieg sie höher und höher, auch auf die Gefahr hin, daß die Schnepfen in Deckung gingen. Sie erweckte den Anschein, als sei sie nicht daran interessiert, eine Schnepfe zu schlagen, und ich fiel einen Augenblick lang fast auf ihre Vorstellung herein und wollte sie mit dem Federspiel zurückholen. Doch ich war zu gerissen, um derart hereingelegt zu werden. Nur eine Schnepfe nicht.

Sie verließ die relative Sicherheit des Wassers und flog unbeholfen auf den Straßengraben zu. Dolly wartete, bis sie zu weit gekommen war, um zurückzuflüchten, bevor sie in den Sturzflug ging.

Sie würde ein leichtes Spiel mit der Schnepfe haben, das konnte ich sehen. Dann bemerkte ich die Strommasten an der Straße und die drei Drähte, die lose zwischen ihnen gespannt waren. Dolly ergriff den Vogel geschickt in der Luft, aber dann geriet sie an die Drähte. Zum Glück flog sie nicht mit Höchstgeschwindigkeit und hatte die Leitung rechzeitig gesehen, um mit den Schwingen abzubremsen. Aber der Zusammenstoß war immer noch heftig. Sie ließ die Schnepfe fallen und purzelte vom Himmel, als ob sie von einer Kugel getroffen sei. Ich war wie betäubt.

Dann rannte ich los. Die einhundert Meter schienen mir endlos zu sein. Als ich die Stelle erreichte, wo Dolly in den Draht geflogen war, hielt ich inne, schloß die Augen und sah dann angsterfüllt über den Zaun. Sie stand auf dem Feld, lebendig, aber verletzt. Ihr linker Flügel hing schlaff herunter, und ihre dunklen Augen waren trübe. Dann hüpfte sie auf mich zu, und ich kniete nieder, um sie auf die Faust zu nehmen. Sie bellte mich trotzig an, als wollte sie beweisen, daß sie immer noch ein Wanderfalke war. Doch die Tatsache ließ sich nicht leugnen, daß sie nicht mehr fliegen konnte, daß ihre Wanderung, ebenso wie meine, zu Ende war.

* * *

Ich saß am Lagerfeuer, sah in die blauen Flammen des Treibholzes und dachte an Ikarus. Armer, dummer Ikarus. Die Sonne war schon seit Stunden untergegangen, und die Hunde waren satt. Ich hatte schon ein dutzendmal nach Dolly gesehen. Sie schien ganz zufrieden auf ihren Sitz hinten auf dem Lastwagen. Ihr Flügel war nicht gebrochen, und sie blutete nur leicht, wo der Draht die Haut zerrissen hatte. Aber sie war verwundet und ließ den Flügel hängen. Mindestens ein paar Tage würde er steif bleiben. Hätte sie den Draht einen Tag später getroffen, wäre sie verhungert, bevor der Flügel ausheilen konnte.

Ich hielt jedes Stück Treibholz fest umklammert, bevor ich es den Flammen übergab. Ich konnte es nicht anfassen, ohne daran zu denken, woher es gekommen, wo es überall herumgetrieben und an welchem Ort es einst lebendig und grün gewesen war. Die Urwälder von Yucatán, Belize und Brasilien kamen mir in den Sinn. Alle diese Orte hätte Dolly sehen können. Ich fragte mich, ob ein Sturm das Holz geknickt und auf die See hinausgetrieben hatte oder ob es von Menschen gefällt und als Teil eines Bootes oder einer Kiste benutzt und an Land gespült worden war. Ich roch an dem Holz und stellte mir die ganze Herrlichkeit der Länder vor, die ich nie sehen würde. Ich roch exotische Früchte, Gewürze und Riementang.

Kurz nach Mitternacht frischte der Wind auf, und ich rückte näher an die Flammen. Am Morgen würden wir aufbrechen – unser Reiseziel waren die Black Hills. Nach fast vier Monaten und achttausend Kilometern Fahrt waren wir am Ende. Und obwohl ich letzten Endes gescheitert war, war doch nicht alles umsonst gewesen. Ein dünner Stacheldraht hatte über Dollys Schicksal entschieden. Darüber brauchte ich mir keine Sorgen mehr zu machen. Aber in den nächsten ein oder zwei Tagen mußte ich über mich und mein Leben nachdenken. Der Wind hatte zugenommen und erinnerte mich an das, was im Norden vor mir lag: Berge, Prärien, die kleine Ranch am Rand der Black Hills und Kris. Aber mir blieben noch gut zwei Tage Fahrtzeit, um darüber nachzudenken, was ich tun würde. Ich hatte Zeit.

Die Stunden vergingen schnell. Ich beobachtete die Lichter der Schiffe im Golf, die an Orte fuhren, von denen ich nur geträumt hatte. Ich notierte mir die Stellung der Sternbilder über diesem letzten Lager. Schließlich brach der Morgen an, und Sterne und Schiffe schienen sich aufzulösen. Ich ging los, als es noch zu dunkel war, um gut vorwärtszukommen; doch kurz bevor ich den Teich erreichte, auf dem die Spießente geschwommen war, ging die Sonne auf. Ein prärieblauer Himmel kündigte sich an. Bald blies mir eine Meeresbrise ins Gesicht. Sie führte die Düfte mit sich, die ich in der letzten Nacht am Treibholz gerochen hatte.

In der Nacht hatten sich ein halbes Dutzend anderer Enten zu dem alten Erpel gesellt. Als ich auf den Teich zuging, schwammen sie vom Ufer in die Mitte. Ich stand ganz still und beobachtete sie, bewunderte ihre Farben und die sanfte Rundung ihrer Hälse. Dies waren nördliche Enten, aufgewachsen in den Höhlen der Hochebenen; und obwohl einige von ihnen vielleicht diesjährige Vögel waren, kam es mir vor, als hätten sie diesen Teich schon früher einmal benutzt. Ich bildete mir ein, daß die Enten diesen Ort – und mich – kannten. Ganz sicher erkannte mich der alte Erpel. Er hatte auf mich gewartet.

Die Hennen gackerten sich an, und ich sah, wie der Erpel seinen feinen Kopf drehte und himmelwärts blickte. Er glaubte nicht, daß ich allein gekommen war. Doch als ich noch einen Schritt tat, hob er mit den anderen vom Teich ab. Sie kreisten und blieben dicht über dem Wasser, als wollten sie nicht über Land fliegen. Sie sausten an mir vorbei und umkreisten den Teich noch einmal. Der alte Erpel beäugte mich, als sie vorüberzogen. Er verrenkte den Hals und sah mich an, als wolle er mir bedeuten, daß er wußte, daß sie dort oben außer Sicht war und darauf wartete, sie zu greifen, wenn sie sich vom Teich entfernt hätten. Ich machte noch ein paar Schritte, und sie zogen davon. Zuerst flogen sie zögerlich; aber als das Sausen des Stoßflugs ausblieb, wurden sie zuversichtlicher und flatterten weiter. Der alte Erpel entfernte sich nicht weit von den Konturen der Erde, weil er sich dort sicherer fühlte. Aber er wußte ebenso wie ich, daß er vor einem Wanderfalken niemals sicher war. Er wußte, daß man die Höhe des Falkenflugs nur schwer abschätzen konnte und daß der Sturzflug um so unausweichlicher ist, je höher der Falke steigt.

Ich sah den Spießenten nach, bis sie nur noch kleine Flecken am Horizont waren. Ein Tüpfelchen blieb näher am Boden als der Rest. Es war der alte Erpel, der Dolly immer noch über sich wähnte. Hätte er doch recht gehabt, wäre sie nur so hoch dort oben, daß man sie nicht mehr sehen konnte! Ich drehte mich um und ging zum Pick-up zurück. Im Gehen stellte ich mir Dolly immer noch über den Enten vor, immer noch über mir, von Horizont zu Horizont fliegend, die ganze Welt weit unter sich. Ich stellte mir vor, wie sie durch die dünnsten Lüfte strich und nur noch die leiseste Verbindung zur Erde bewahrte – in solch schwindelnden Höhen, daß sie eins wurde mit meinen Träumen.

EPILOG

Nun lebe ich auf meiner Ranch in South Dakota. Dolly wird den Rest ihres Daseins in einer großen, luftigen Kammer auf gepolsterten Blöcken und mit einer Aussicht auf die Black Hills verbringen. Kris geht jeden Morgen, bevor es hell wird, zur Arbeit im Bezirkskrankenhaus in Rapid City und hält Männer und Frauen am Leben, während die Chirurgen ihre Herzen reparieren. Spud ist groß geworden. Jake ist tot.

Dollys Alterskleid leuchtet auf dem Rücken in dunklem Schieferblau, ihre Brust ist horizontal schwarz getüpfelt. Ihr Flügel ist ausgeheilt, nur der Glanz kehrte nie mehr vollständig in ihre Augen zurück. Allen von uns ist klar, daß sie niemals ein wilder Vogel sein wird. Jetzt fliegt sie nur ein paar Monate im Jahr, wenn Erney und ich sie hinausfahren, um die örtlichen Enten und Rauhfußhühner zu jagen. Sie hat mehr als eine Chance gehabt, wild und frei zu sein, mehr, als man vernünftigerweise erwarten kann. Beide Male erwiesen sich die Gefahren als zu stark. Manchmal sehe ich ein Unrecht in dem, was ihr widerfahren ist. Manchmal möchte ich sagen, daß der Adler in Montana eine natürliche Gefahr war, die Stromleitung in Texas dagegen unnatürlich, von Menschen gemacht und somit unfair. Aber sicher weiß ich das nicht. Von Zeit zu Zeit glaube ich, weiser geworden zu sein. Gewöhnlich aber habe ich das Gefühl, gar nichts dazugelernt zu haben.

Wenn der erste kalte Herbstwind auf das Farmhaus niederfegt und sich durch die Fenster- und Türritzen zwängt, habe ich eine Vorstellung davon, woher er kommt und wohin er geht. Aber ich bin mir nicht sicher, ob sein Wimmern im Laub der Pappeln mir gilt. Wenn ich den ersten Kälteeinbruch des Winters spüre, läuft mir ein Schauer über den Rücken, und ich sehe im Geist die Vögel. Ich fühle, wie die Enten auf den Teichen der Prärie unruhig werden. Ich weiß, daß sie bald davonziehen werden, aber immer noch nicht, was das alles bedeutet oder wie es wirklich vor sich geht.

Und wenn ich den Nordwind über das Präriegras fegen sehe, dann weiß ich, daß er auch durch die Schwingen der Wanderfalken streicht und sie mit sich nach Süden trägt. Nur Dolly nicht. Und mich auch nicht. Wir können uns eine Ente fangen und sie über dem offenen Feuer braten. Wir können draußen schlafen und Sternschnuppen durch den Oriongürtel flitzen sehen. Doch wir werden hierbleiben. Wir werden unser Leben hier in der Mitte des Kontinents zu Ende führen, umgeben von der Bewegung der Vögel. Wir werden zwischen dem Grün und Braun der Erde und dem endlosen Blau des Präriehimmels wohnen bleiben.